아우구스티누스의 『고백록』 읽기

세창명저산책_025

아우구스티누스의『고백록』읽기

초판 1쇄 인쇄 2014년 9월 15일
초판 1쇄 발행 2014년 9월 20일
_

지은이 문시영
펴낸이 이방원
기획위원 원당희
편집 조환열·김명희·안효희·강윤경
디자인 손경화·박선옥
마케팅 최성수
_

펴낸곳 세창미디어
출판신고 2013년 1월 4일 제312-2013-000002호
주소 120-050 서울시 서대문구 경기대로 88 냉천빌딩 4층
전화 02-723-8660
팩스 02-720-4579
이메일 sc1992@empal.com
홈페이지 http://www.sechangpub.co.kr/
_

ISBN 978-89-5586-211-9 03230

이 도서의 국립중앙도서관 출판시도서목록(CIP)은 서지정보유통지원시스템 홈페이지(http://seoji.nl.go.kr)와
국가자료공동목록시스템(http://www.nl.go.kr/kolisnet)에서 이용하실 수 있습니다.
CIP제어번호: CIP2014025973

세창명저산책_025

Aurelius
AUGUSTINUS

문시영 지음

아우구스티누스의 『고백록』 읽기

세창미디어

머리말

　라틴 발음이 불편한 탓인지, '어거스틴'이라고 영어식으로 읽곤 하는 '아우구스티누스'의 『고백록』은 특정종교인을 위한 책으로 간주되기 쉽다. 하지만, 그것은 인문학의 관점에서 큰 손해가 될 듯싶다. 아우구스티누스라는 특정인의 종교와 삶의 이야기를 늘어놓은 책이라기보다, '인간'을 성찰하게 하는 고전이라는 사실을 놓치게 될 것이기 때문이다. 재미는 없을지 몰라도, 꼭 읽어보도록 권하고 싶다. '인간에 관해 이렇게도 생각할 수 있구니!'를 누릴 수 있으리라 기대해 보면서 말이다.

　아우구스티누스를 통해 인간을 성찰하기 위해 『고백록』을 읽으면서 놓치지 말아야 할 포인트는 이것이다. '안으로 들어가라.' 그리고 '위를 향하라.' 사실, 우리들 대부분은 '밖으로 나가려는' 경향을 가지고 있는 듯싶다. 내면의 진리를 찾기보다 눈에 보이고 감각할 수 있는 것들에 더 큰 흥미를 느끼고 있다는 점에서 말이다. 감각 그 자체가 나쁘다는 뜻은 아니다. 내적 요소를 소홀히 하게 된다면, 감각만으로는 진리를 말해줄 수 없을 위험이 있다는 점, 그것을 놓쳐서는 안 된다는 뜻이다.

사실, 인간에 대한 진실만큼 중요한 것은 없다. 인문학의 부흥이 절실한 시점에서, 인간에 관한 성찰이 깊어지기를 바라는 것은 삶의 지혜가 깊어지고 바람직한 행동들이 많아져서 희망적인 미래를 말할 수 있기를 기대하는 것과 다르지 않다. 얕고 편협한 소리들이 지배적인 우리 시대를 바르게 이끌기 위해서, 어긋나고 빗나간 행위들을 바로잡기 위해서 말이다. 아우구스티누스의 『고백록』이 종교서적이기를 넘어 인간에 대한 성찰의 계기가 되어 주리라 기대하는 이유가 바로 이것이다.

다만, 『고백록』이 라틴어를 사용했다는 점에서 원전에 대한 접근이 쉽지 않은 것은 사실이다. 과거 라틴어를 영어 혹은 일본어로 옮겨놓은 것을 다시 한글로 옮기는 과정에서 놓치거나 왜곡된 부분들이 전혀 없다고는 장담하기 어렵다. 최근에 라틴 직역에 대한 관심과 노력이 많아지고 있다는 점에서, 기대가 된다. 우리말로 번역된 여러 버전의 『고백록』이 있음에도 이 책을 쓴 이유는, '촉매제' 역할을 하고 싶어서였다. 아울러, 『고백록』 이후의 아우구스티누스의 모습을 기록한 포시디우스의 『아우구스티누스의 생애』라는 책도 있음을 알려드린다.

『고백록』을 권하면서 한 가지, 고백할 일이 있다. 꽤나 성실하게 글을 읽어주고 교정을 도와주던 조교가, 졸업을 앞두고 내게 이렇게 질문했던 기억이 난다. "교수님의 글은 대부분 아우구스티누스를 다룬 것이네요. 왜 그렇게 아우구스티누스를 좋아하세요?" 생각해보지 못했던 질문을 받은 탓에, 대충 얼버무려 답을 했던 것 같다. 만일 다시 묻는다면, 이렇게 답해 주리라 마음먹어 본다. "아우구스티누스 안에 내 모습이 있어서 …."

2014년 8월
문시영

| CONTENTS |

I.
아우구스티누스, 자기발견을 권하다

1. 인간 정체의 진리를 성찰하다

지식이 넘쳐나는 시대이지만, 정작 인간에 대한 지식은 드물다 못해 거의 없다 싶을 정도이다. 더구나, 웹에서 말하는 것은 모두 진리일 것이라는 착각이 우리를 지배하고 있다. 인간에 관한 지식에서도 사정은 다르지 않다.

누군가의 표현처럼, '과잉연결'이 문제이다. 잠시라도 손과 눈에서 뗄 수 없을 지경이 되어버린 '웹-스마트' 정보가 진리 노릇을 하고 있는 셈이다.

우리에게 과연 스스로에 대한 지식, 인간으로서의 자기

발견의 진리가 있는가? 도대체, 인간이란 무엇인가? 사실, 이 질문만큼 오래되고 본질적인 물음은 없다.

인간에 관한 궁금증은 이제까지 다양한 관점에서, 수많은 사상가에 의해 지나치다 싶을 정도로 많이 다루어져 왔다. 그럼에도도 불구하고, 지식을 근간으로 하는 오늘의 우리에게 인간에 관한 지식은 깊지 않다. 혹은 관심의 대상이 아닌 것으로 간주되곤 한다.

이 책에서, 우리는 영어식으로 '어거스틴Augustine'이라 불리는 라틴사상가 아우구스티누스Aurelius Augustinus를 통해 인간에 관한 질문을 반추하고자 한다. 아우구스티누스의 중요성과 영향력은 고전 그 이상의 의미를 지니고 있기 때문이다. 누군가, 서양철학은 플라톤의 주석에 불과하다고 말했던 것을 응용하여 말한다면, 서양사상은 아우구스티누스의 각주일 뿐이다.

아우구스티누스 사상의 샘은 불후의 명저, 『고백록Confessiones』이다. 이 책은 그와 같은 신앙을 가진 기독교인에게는 깊은 신앙적 통찰로, 일반 시민에게는 인간의 정체에 대한 인문학적 성찰로 평가된다.

종교를 떠나, 아우구스티누스가 중요한 인물로 평가된다는 점에서, 그의 사상적 샘이라 할 수 있는 『고백록』의 가치는 아무리 강조해도 지나치지 않다.

이렇게 생각해보자. 고대 희랍철학을 두고 인문학적 연원이라고 말하는 것이 어색하지 않다면, 인문학의 계보에서 아우구스티누스의 사상은 독창적이고도 고유한 자리를 차지한다. 실제로 철학哲學이라는 말은 '벗 사랑'을 뜻하는 'philia'와 '지혜'를 뜻하는 'sophia'의 합성어이다. 지혜에 대한 사랑이라는 뜻이 되는 셈이다.

아우구스티누스는 이 단어를 적극적으로 해석하여 '지혜의 연인'이라는 뜻으로 받아들였다. 그의 책에서는 참된 지혜란 모든 진리의 근원인 하나님을 뜻하는 것이기에, '참된 철학자는 하나님의 연인amator Dei'이라고 말한다. 실제로, 아우구스티누스 자신이 하나님을 사랑하는 자로 살고자 애썼다.

한 가지, 아우구스티누스를 탕자에서 성자로 변화된 사람이라고 말하는 것은 신중해야 할 듯싶다. 대책 없는 쾌락 중독자로 살다가 어느 날 갑자기 기독교인이 되었다는 식의 해석을 경계해야 한다는 뜻이다. 그의 어그러지고 복잡했던 삶을 두둔하고 싶은 생각은 없지만, 그가 고민했던 문제가 무엇인지를 파악하는 것이 중요하기 때문이다.

아우구스티누스는 일생 동안 '죄는 어디에서 오는가?'라는 실존적 문제의식을 지니고 살았다. 주목할 것은 그가 이 문제를 현대인에게 익숙한 이성적 분석이나 경험적 실증을 통해 풀어낸 것이 아니라, 자신에 대한 진솔하고도 철저한 성찰을 통해 밝혀냈다는 점이다.

굳이 말하자면, '내성법introspection'이 적용된 것이다. 아우구스티누스가 밖으로 나가지 말고 안으로 들어가기를 권했던 것이 바로 이러한 이유이다. 자기성찰을 통한 자기발견의 선구先驅가 된 셈이다.

내적 인간 혹은 인간 내면에 대한 성찰은 아우구스티누스의 고유하고도 독창적인 자기발견의 통로였다. 그는 인간의 내면을 진지하게 성찰한다. 아우구스티누스가 일생 동안 붙잡았던 문제가 있었다. '악이란 무엇이며, 어디에서 오는가? 인간은 어떻게 해야 악을 극복하고 행복에 이를 수 있는가?' 하는 질문은 인간에 대한 내면적 이해를 통해 해소된다.

밖으로 나가는, 물질적 실체를 통해서는 답을 얻지 못했다. 안으로 들어가 영혼의 참된 가치를 발견했을 때, 그는 악에 대한 모든 오해와 왜곡을 벗어던질 수 있었다.

『고백록』에서 말하는 진리의 '조명설' 역시 내면세계의 탐구를 통해 얻어낸 값진 결론이다. 진리의 인식에 관한 성찰에서, 아우구스티누스는 플라톤의 설명을 넘어선다. 아우구스티누스가 보기에, 인간은 지성의 힘만으로 진리를 인식할 수 없다. 진리의 인식을 위해서는 진리 자체의 조명을 받아야 한다. 'veritas lux mea(진리는 나의 빛)', 이 말 안에 아우구스티누스의 인식론과 진리론이 함축되어 있다.

그런가 하면, 『고백록』의 또 다른 주제인 '시간'에 대한 실명에서도 인간에 대한 탐구는 계속된다. 아우구스티누스는 시간을 물체의 운동으로 설명하는 고대사상가들의 관점을 넘어선다. 시간 자체에 실존적 의미를 부여한 것이다. 시간을 영혼의 팽창으로 보는 그의 관점은 과거의 기억, 현재의 직관, 미래의 기대를 말하는 대목에서 시간을 의식의 문제로 설명하는 독창성을 지닌다.

아우구스티누스의 시간 개념은 인간의 자기발견을 위한 중요한 단초이다. '시간'에 얽매여 살 수밖에 없는 시간적 존재로서의 인간과 시간 그 자체를 창조하고 시간의 영역을 넘어 존재하는 영원자를 대비시키면서 아우구스티누스는 특별히 강조한다. 인간이란 불완전한 존재이며, 영원불변의 존재를 통해서라야 비로소 인간이 진정한 쉼에 이를 수 있다는 것을 말이다.

아마도, 아우구스티누스의 접근방식을 두고 타당성을 따져 묻고 싶은 독자들이 있을 듯싶다. 아우구스티누스의 길 이외에 실증적 혹은 분석적인 방법을 쓰는 것이 더 낫지 않은가를 두고 논란을 벌이는 것 자체는 나름대로 의미 있는 일이지만, 적어도 『고백록』을 읽는 동안만큼은 이러한 질문들을 괄호 안에 넣어두는 것이 좋겠다. 아우구스티누스가 보여준 인문학적 성찰의 진수를 맛본 후에 다루어도 늦지 않을 테니 말이다.

2. 참회를 넘어, '고백'하는 은혜박사

한 가지, 의문이 생긴다. '참회'가 아니고 굳이 '고백'이라고 하는 이유는 무엇인가? 실제로, 번역본 중에는『참회록』이라는 이름을 사용한 경우들이 적지 않다.

딱히 참회라는 표현이 틀렸다고는 할 수 없다. 아우구스티누스의 진의를 담아내기에 충분하지 못할 따름이다. 아우구스티누스의 '고백'은 개인의 변명이나 참회에 관한 기록이 아니다. 굳이 '고백'이라 이름 붙이는 것은 원제, *Confessiones*가 어원상 'con(더불어) + fiteri(말하다)'로 구성되어 있는 단어이기 때문이기도 하다.

이 책에 담긴 성찰들이 영원불변의 절대자인 하나님 앞에서 인간의 정체를 고발하는 자기발견과 영원자를 향한 찬양들로 구성되어 있다는 점에서,『고백록』이라 하는 것이 더 적합하다. 내용상, 아우구스티누스의 '고백'은 현행법 위반자의 참회수기도 아니고 독백도 아니다. 판타지는 더구나 아니다. 단숨에 써내려간 문학작품도 아니다.

한마디로, '재미'는 없지만 '의미'는 크다. 더구나, 지어낸 이야기가 아니라는 점에서 실존적 구체성을 지닌다. 인간에 관하여, 내면의 진리에 관하여, 그리고 인간과 하나님의 관계에 관한 처절하고도 실존적인 탐구를 통해 인간의 인간됨을 위한 통찰을 열어준다.

『고백록』은 고전의 고전이다. 100여 편이 넘는 아우구스티누스의 글과 책 중에서 『삼위일체론De Trinitate』, 『신국론De Civitate Dei』과 함께 3대 명저로 꼽힌다. 형태상 자서전으로 분류되는 이 책은 루소, 톨스토이의 그것과 함께 3대 참회록에 속한다. 하지만 방금 말한 여러 이유로 미루어 볼 때, 아우구스티누스의 책은 참회록이라기보다 『고백록』이라고 부르는 것이 맞다.

이 책은 아우구스티누스가 '히포'의 주교로 임직한 지 두 해가 지난 397년 시작하여 401년에 완성한 것으로 추정된다. 이 시기에 그에게 중요한 집필동기가 있었다. 그렇지만 단행본을 출판하려는 의도로 쓴 것은 아니다. 조금씩 기록했던 글을 모아 '영혼에 안식을 주시는 하나님의 영광'이라는 부제로 책을 펴냈다. 그것이 오늘 우리 손에 들려 있는 『고백록』이다.

특히, 스물아홉 살 되던 383년, 명예와 가치를 얻기 위해 로마로 향했던 아우구스티누스가 5년 후 그리스도인이 되어 북아프리카로 돌아왔을 때, 그의 회심과 변화에 관심을 가진 많은 사람의 궁금증을 풀어줄 필요가 있었을 것이다.

이러한 이유로, 정교하게 계산된 치밀한 집필계획이나 현대 판타지 문학에 나타나는 장치들이 있으리라 기대하는 것은 무리일 듯싶다. 아우구스티누스 자신이 수사학 전문가였다는 점에서, 나름의 문학적 재능이 빛날 것이라는 기대는 해도 좋다.

총 열세 권 273장으로 구성된 『고백록』의 구성에 대해 크게 두 가지 의견이 있다. 두 부분으로 나누는 학자들은 I권에서 X권까지를 아우구스티누스 개인의 회고로, XI권에서 XIII권까지를 시간과 영원에 대한 통찰 및 창세기 주해로 구분한다.

세 부분으로 나누는 경우에는 다음과 같이 구분한다. I권부터 IX권까지 아우구스티누스는 386년 32세에 체험한 자신의 회심을 정점으로 삼아, 살아온 시간을 회고하며 구원의 은총을 찬양한다. X권에서는 회심의 주체인 자아와 기억에 대한 성찰을 통해 시간과 영원에 대한 철학적이고 신학적인 통찰을 제시한다. 그리고 XI권에서 XIII은 창세기 주해를 통해 구원의 원천인 하나님에게 대한 찬양과 창조신앙을 고백한다.

때로, IX권까지만 번역하는 경우가 있지만, 그가 말년에 자신의 저술들을 재정리 혹은 보완하면서 남긴 『재론고 *Retractiones*』에서 "고백록 13권은 나의 악행과 선행을 통해 의롭고 선하신 하나님을 찬양하는 책"이었다고 회고한 것처럼, 『고백록』은 회심 이야기로 한정할 것이 아니라 창세기 주해를 포함한 열세 권 전체로 읽어야 한다. 왜곡에 빠지지 않도록 말이다.

큰 흐름에서 본다면, 하나님 앞에서 죄인으로서의 자신을 참소하고 하나님의 은혜를 찬양하는 내용으로 구성되었다고 할 수 있다. 과거의 죄악에 대한 참회와 자아의 부정을 통해 영원한 진리의 존재인 하나님에 대한 긍정으로 나아가는 셈이다. 정욕과 습관의 노예가 되어버린 인간의 실존적 죄악을 고발하고 기억에 대한 고찰과 시간에 대한 성찰을 통해 인간에 대한 해석을 시도한 것이다.

플라톤 철학 및 신플라톤주의와 기독교 교리의 적절한 혼합에 그친 것이라는 해석도 있기는 하지만, 아우구스티누스가 사상적 신기원을 이루었다는 점은 분명하다. 그의 철학적 성찰 및 신학적 모색은 히브리사상과 헬라사상이라는 두 줄기를 하나로 만들어낸 새로운 원천源泉이다.

인간론, 시간론, 행복론 등은 헬레니즘과 헤브라이즘을 변증법적으로 재해석하고 창조적으로 제안한 논제들이다. 또한 라틴어 수사학修辭學 전문가였던 아우구스티누스가 얼마나 고전에 해박했는지, 그리고 그가 이 고백을 내놓기까지 하나님의 은혜를 얼마나 소중히 여기고 있는지를 보여주는 수려한 문체로 가득하다.

한 가지, 아우구스티누스를 이해할 때, '은혜박사doctor gratiae'라는 측면을 놓치면 안 된다. 그가 요즘의 학제처럼 석사 및 박사과정을 마치고 논문을 써서 학위를 받은 것은 아니다. 명예박사라는 호칭으로도 적합하지 않다. 특정 분야에서 기여한 공이 높은 인물에게 수여하는 학위와는 전혀 다르다. 신학의 필수개념일 수 있는 '은혜'의 성찰에서 아우구스티누스는 기준이 되고 가장 분명한 답을 주었다. 그에게 붙은 박사호칭은 이러한 배경에서 이해되어야 한다.

어찌 보면, 아우구스티누스의 일생 자체를 대변하는 호칭일 수 있다. 자기발견의 궁극을 은혜에서 찾고, 은혜의 진정한 의의를 해명했다는 점에서, '은혜' 문제에 관한 한 아우구스티누스를 기준으로 삼는 것이 마땅하다. 이러한 면모는 『고백록』에 드러난 자신의 삶에 대한 성찰에 잘 반영되어 있다.

보완하여 설명하자면, 『고백록』은 386년 32세에 체험한 회심을 정점으로 삼아 이제까지 살아온 시간과 앞으로의 시간에 관해 써내려간 내러티브이다. 아우구스티누스는 당시 로마문화권에 속한 북아프리카에서 태어나 유럽문화의 중심지를 향유하고 북아프리카에서 생을 마감했다. 서양사 연표에 대입해보면, 그는 354년 북아프리카 타가스테에서 태어났다. 지금의 알제리에 해당하는 지역으로서, 지중해를 통해 당시 세계문화의 중심이던 로마에 다가설 수 있는 곳이었다.

초등교육 이후 고향에서 약 30킬로미터 떨어진 마다우라에서 365년에서 369년까지 공부했던 시절, 장래가 촉망되

는 소년인 동시에 어긋난 말썽꾸러기로서 방황이 이미 시
작되고 있었다. 가정형편상 공부를 잠시 쉰 기간도 있었다.
대략, 369년일 듯싶다.

이후 371년에 카르타고에서 수사학을 공부할 때, 아우구
스티누스의 방황은 걷잡을 수 없었다. '아데오다투스'의 생
모와 동거생활을 시작해서 372년경 그를 낳았던 것으로 추
정해 볼 수 있다. 종교적 이유 혹은 지성적 명분에서, 마니
교에 심취했던 것 또한 이 시기의 일이었다.

이후 375년, 고향에서 수사학을 가르치던 아우구스티누
스는 카르타고에 가서 수사학 교수로 활동했다. 아우구스
티누스가 로마에 간 것은 383년으로 짐작된다. 당시 세계
문화의 중심지 로마에서 그는 수사학 교수로 명성을 쌓아
갔다.

때마침, 로마의 공식파견을 받아 밀라노에서 수사학을
가르칠 기회를 얻는다. 이 기간에 그의 삶에 큰 영향을 준
암브로시우스 감독을 만나게 된다. 아우구스티누스가 마니
교에 흥미를 잃고 그들의 주장에 오류가 있음을 깨달아 가
기 시작한 것은 이 시기 암브로시우스의 영향 때문이었다.

진리를 향한 굴곡진 여정에서, 아우구스티누스는 마침내 386년 밀라노의 정원에서 결정적인 회심을 체험하고 기독교 신앙인으로 전향한다. 이후 밀라노 북쪽의 카시치아쿰 Cassiciacum에 머물면서 세례받을 준비를 하며 경건생활을 한다. 이후, 밀라노에 돌아와 아들 아데오다투스, 그리고 동료이자 후배인 알리피우스와 함께 암브로시우스에게 세례를 받았다.

아우구스티누스는 고향으로 돌아가 수도생활을 하고 싶어 로마 남쪽의 오스티아 항구에서 머물며 배를 기다렸다. 그곳에서, 어머니 모니카가 별세한다. 이후 아우구스티누스는 로마에 몇 달간 머물며 집필활동을 한다. 고향으로 돌아간 아우구스티누스는 수도원을 세운다. 아마도 388년일 것 같다. 그의 아들 아데오다투스도 이 즈음에 병으로 죽은 것으로 알려져 있다.

아우구스티누스는 391년 히포교구에서 성직자로 세움을 받았다. 특히 395년 히포의 주교로 선출되어 교회를 위해 헌신한 그의 활동들은 아우구스티누스를 사상적 거장으로 기억하게 하는 중요한 자취라 할 수 있다. 아우구스티누스의 불후의 명작, 『고백록』은 397~401년 사이에 히포의 주교로 봉사하는 기간에 집필된 것으로 짐작이 된다.

역사는 평안을 지상의 도시에 안정적으로 허락하지 않았다. 410년, 로마가 함락되었다. 영원할 것처럼 착각을 불러일으켰던 제국이 무너진 것이다. 430년에 임종할 때까지 아우구스티누스는 무너져 내리는 로마를 바라보아야 했다.

시간이 지나면 흘러가고 쇠망할 한시적인 가치들을 넘어 영원불변하는 참 진리의 소중함을 후세에 일깨워주고 싶은 간절함이 더욱 짙어졌을 듯싶다. 모든 것은 '은혜'의 관점에서 해석하고 조명되어야 한다는 점을 강조하면서 말이다.

생각해보면, 평균수명이 오늘처럼 길지는 않았던 시대에 아우구스티누스는 장수한 축에 속한다. 긴 여정의 인생에서, 아우구스티누스는 각양각색의 삶을 직접 혹은 간접으로 체험할 수 있었을 듯싶다. 더구나 실버세대가 되어서까지 한 가지 직종에 오랫동안 종사할 수 있었다는 것 역시 현대인의 모습과는 사뭇 다르다.

아우구스티누스가 살았던 시대와 문화, 그리고 그의 인

생 여정에서 만난 다양하고도 다채로운 삶의 스타일들을 생각해 본다면, 굳이 『고백록』의 길을 고집할 이유는 없었을 것 같다. 다양한 삶의 길이 있다는 사실을 알고 있었을 테니 말이다. 굳이, 이 길을 걸어야 할 이유는 무엇이었을까? 궁금증이 깊어지는 것은 『고백록』에 대한 긍정적 관심일 듯싶다.

솔직히, 현대인에게 특정한 삶의 방식을 제시하거나 권하는 것은 무척이나 조심스러운 일이다. 듣는 사람마다 백인백색百人百色으로, 누가 어떤 반응을 내놓을지 아무도 알 수 없다. 그런 탓에, 다양성을 중요한 가치로 상정하고 살아가는 현대인에게 아우구스티누스를 본받으라고 말하는 것은 자칫 독선으로 들리기 쉽다.

가장 우려가 되는 것은 『고백록』이 종교적 배경을 지니고 있다는 점이다. 그것도 기독교라는 시민적 지탄의 대상이 되는 종교이니 말이다. 가뜩이나 종교에 대한 알레르기 반응, 간섭에 대한 거부, 그리고 다양성의 존중을 특징으로 하는 현대인에게 과연 얼마나 어필할 수 있을 것인지, 자못 우려스럽다. 아마도 아우구스티누스의 모습은 참고자료조차 못 되는 '뻔한' 이야기로 치부될 위험이 크다.

그럼에도 불구하고 아우구스티누스를 읽고자 하는 것은 그의 관심과 삶이 현대인과 전혀 무관한 것만은 아니기 때문이다. 현대인 역시 인간이라는 점에서, 아우구스티누스의 시대에 적용된 인간 그 자체에 대한 성찰이 오늘의 삶과는 도무지 연관될 것이 없는 소리라고 몰아세우기에는 참으로 값진 성찰들이 『고백록』에 담겨 있다.

따지고 보면, 아우구스티누스만큼 한 사람의 삶이 송두리째 파헤쳐진 경우는 거의 없다. 물론, 아우구스티누스 스스로 죄를 폭로하고 하나님의 은혜를 찬양한 것이기는 하지만, 정도가 심하다 싶을 정도이다. 현대인의 관점에서, 프라이버시 침해일 수 있고 개인정보 유출의 심각한 사례이겠지만, 철저한 자기고발을 통해 은혜의 가치를 드러내고자 했던 아우구스티누스의 모습을 놓치지 말아야 한다.

독자 여러분에게 묻고 싶다. 어느 학자의 혹독한 비평에서처럼, 아우구스티누스가 자신의 지나간 죄를 강조하는 데 급급한 나머지 하나님의 은혜보다 자신의 죄를 과장하여 드러내는 '부정적 자기과시'에 빠진 것이라고 매도하는 것은 바른 일일까?

　좀 더 쉽게 풀어서 질문하자면, 여느 문학작품을 읽는 것과 마찬가지로 '작가사냥' 하듯 읽어내는 것은 과연 바른 일인가? 오히려, 『고백록』을 읽는 동안에는 그것이 곧 나의 이야기인 것처럼 읽을 수 있다면, 아우구스티누스의 참모습을 만날 수 있지 않을까? 그것이야말로, 축약판으로 고전을 읽는 목적이리라 생각된다.

　참고로, 아우구스티누스의 연표를 정리하면 다음 표와 같다. 굳이 연대기적 순서를 따라 아우구스티누스의 생애를 정리할 필요는 없지만, 참고할 만한 내용들을 간추려 본다는 점에서 그의 연표를 숙지하는 것도 나쁘지 않겠다. 다행스럽게도, 우리가 읽고자 하는 『고백록』에는 연대기적 순서를 지키려 애를 쓴 흔적이 진하다.

　한 가지, 이 책의 형식과 관련하여 일러두기가 있다. 아우구스티누스의 『고백록』을 나름대로 요약하고 해설하는 것이 주된 흐름이지만, 아우구스티누스의 고백문장들을 상당수 인용하였다. 독자 여러분의 독서를 혼란스럽게 하려

『고백록』으로 본 아우구스티누스의 생애

고백록 차례	연 도	생 애
I. 어린이 시절	354	북아프리카 타가스테에서 출생
II. 열다섯 되던 청소년 시절	365-9	마다우라에서 수학
III. 카르타고의 학생시절과 마니교	371-4	카르타고에서 수사학 공부 아데오다투스(아들) 출생 마니교에 빠짐
IV. 마니교에 빠졌던 시절	375-6	타가스테, 카르타고 (수사학 교수)
V. 로마와 밀라노 시절 VI. 사생활로 고민하는 아우구스티누스 VII. 神의 본성, 악의 본질에 관한 고심	383 384	로마(수사학 교수) 밀라노(수사학 교수) (*암브로시우스와의 만남)
VIII. 회심	386	회심, 카시치아쿰에서 초기 저술
IX. 세례와 모니카의 죽음	387 388	암브로시우스에게 세례받음 타가스테 귀환, 수도원 창설
X. 기억의 신비에 관하여	391 395	히포, 사제로 임직 히포의 주교로 임직
XI. 시간과 영원의 문제 XII. 무로부터의 창조 XIII. 세계창조와 그 해석	397-401 410 413-26 430	『고백록』 저술 고트족의 로마침공 『신국론』 저술 반달족의 침공, 히포에서 사망

는 의도는 조금도 없다. 인문학적 고전에 대한 이해를 돕고
자 하는 마음에서, 원저자의 육성을 소개하고 싶었다.

사실, 이런 유類의 글들은 아우구스티누스 이전 시대로부
터 유행하고 있었다. 각자가 진리를 찾아 떠난 여정을 그린
글들을 책으로 엮어내는 스타일로 여러 고전이 있었던 것
으로 전해진다.

이러한 배경에서, 아우구스티누스의 독창성을 부각시키
기 위해서라도 『고백록』의 잘 알려진 문구들을 포함하여
고백록의 요점을 보여주는 몇 문장들을 인용함으로써, 인
용문을 간추려 읽는 것만으로도 『고백록』의 흐름을 대략
적으로 파악할 수 있도록 배려한 것임을 해량하여 주기 바
란다.

II.
자기발견의 내러티브, 『고백록』

1. 아우구스티누스의 현재 시점에서 『고백록』 읽기

『고백록』을 읽기 전에, 단순하면서도 중요한 질문이 생긴다. '왜? 고백해야 하는 것일까?', '가만히 있으면 중간은 간다'는 말처럼, 아무 일도 없었던 듯 지내면 안 되는 것이었을까? 왜, 『고백록』을 써야 했는가?

사실, 오랜 기간 조금씩 써내려간 원고들을 보면서, 자신의 고백을 한 권의 책으로 엮어내고 있을 당시의 아우구스티누스는 이미 고위 성직자가 되어 있었다. X권의 정황이 그것이다.

이 당시 아우구스티누스는 '히포'라고 하는 비교적 큰 도시를 관장하는 '주교'의 직을 수행하고 있는 권위를 지니고 있었다. 그 위치에서, 아우구스티누스 자신의 비신앙적이었고 부끄러웠던 과거를 공개한다는 것은 성직자의 권위를 스스로 갉아먹는 일이었을지 모른다. 분명 그랬을 것이다.

하지만, 아우구스티누스는 기꺼이 알리고 싶었다. 자신이 목회하고 있는 히포 교구의 모든 신앙인에게 아우구스티누스가 알려주고 싶었던 것은 자신의 이름으로 대변되는 인간의 솔직한 자화상이다. 어엿한 성직자가 되어 있지만, 실상 자신은 거룩한 존재도 아니고 그다지 위대한 인물도 아니며 크게 존경을 받을 만한 모범적인 인간상을 지닌 성인군자는 더구나 아니라는 사실을 밝히는 데에는 큰 용기가 필요했을 것이다.

솔직히, 자신의 성직 자체에 위협이 될 수 있고, 요즘 같아서는 미디어를 통해 난도질을 당하기 안성맞춤이었을 것이다. 아마도 시사고발 프로그램에서 경쟁적으로 취재하여 '성직자의 이중생활' 내지는 '과거도 더럽고 여전히 그 버릇을 고치지 못하는 성직자' 정도의 표제로 난리를 쳤을 것 같다. 아우구스티누스 개인이 욕을 먹고 성직에서 물러나야 하는 상황이 올 것은 뻔하다. 게다가, 아우구스티누스가 속해 있는 교회와 기독교 자체를 비방하기에 딱 좋은 빌미를 주었을 것이다.

하지만, 아우구스티누스는 머뭇거리지 않았다. 몰라서가 아니다. 파렴치해서도 아니다. 오히려, 어떻게 써야 자신의 실상을 사실적으로 드러내고 하나님의 은혜를 강조할 수 있을지 그것을 더 고민하면서 5년 넘게 지지부진해하는 자신의 모습을 답답해했을 듯싶다.

중요한 것은 교구의 주교로서의 아우구스티누스 자신의 체면 문제가 아니었다. 하나님의 은혜를 힘입어 변화된 존재로서의 아우구스티누스라는 점을 분명하게 말해주고 싶었을 것이다.

이러한 이야기들을 담아낸 『고백록』은 하나의 '내러티브'이다. 구조상으로, 『고백록』은 전체 XIII권으로 구성되어 있으나 처음 아홉 권은 아우구스티누스 자신의 과거에 대한 회고와 하나님의 은혜에 대한 감사의 고백으로 가득 차 있으며, X권부터 XIII권은 창세기 주해에 해당한다. 어떤 경우에는 창세기 주해를 『고백록』의 전체흐름과 어울리지 않는다는 이유로 IX권까지만 다루기도 하지만, 그것은 옳지 않다.

창세기 주해 부분은 하나님의 은혜에 대한 찬양이며, 『고백록』 전체의 주제와 어긋나는 것은 아니다. 오히려 『고백록』의 전제이자 근거로 읽어야 할 내러티브이다. X권부터는 『고백록』의 근본관점이 무엇인지를 보여준다. 아우구스티누스는 이 부분에서, 자신의 사적 경험에 지나지 않았을 죄에 대한 고백을 모든 사람의 고백으로 승화시킬 근거를 마련하고 있다.

따라서 『고백록』은 전체로서, 하나의 내러티브로 읽어야 한다. 『고백록』을 통해 관심 가져야 할 부분은 아우구스티누스의 인생경험을 말해주는 사적 내러티브가 아니라, 그의 삶에 관심을 가지고 그를 인도한 하나님의 은혜에 관한 내러티브이다.

아우구스티누스가 고백하는 하나님은 창세기의 창조주인 동시에 아우구스티누스 자신을 선한 길로 인도하는 구원자이다. 창세기 주해를 별도의 이야기인 것처럼 생략해

버리지 말아야 하는 이유가 여기 있다. 고백록의 흐름을 유지하기 위해서라는 명분으로 IX권까지만 읽을 것이 아니라, 다 읽어야 한다는 뜻이다. 한 권의 책으로 말이다.

X권부터 XIII권은 아우구스티누스의 개인적인 체험에 대한 근거가 되는 것으로서, 독자들로 하여금 그리스도인의 정체성에 대한 체계적 성찰에 주목하게 해준다. 아우구스티누스는 독자들의 관심을 인간과 하나님과의 관계에 대한 성찰로 이끌어간 셈이다. 다른 표현을 쓰자면, 수평적이고 확장적인 성찰로부터 수직적이고 집약적인 성찰로의 전환이라 할 수 있다.

다만, 『고백록』 전체의 순환구조상 아우구스티누스의 내러티브가 자신의 인생체험을 소개하는 과정에서 연대기적 순서에 입각한 관점이 아니라는 점, 그리고 개인의 내러티브와 창세기 주해의 내러티브라는 두 이야기가 긴밀하게 연관되어 있으며 명쾌하게 분리되어 드러나는 것은 아니라는 점 등은 충분히 고려해야 할 듯싶다.

반복되는 잔소리일 수 있겠지만, 아우구스티누스를 종교적 배경에 파묻힌 사람으로 간주하기 시작하면 그의 글을 읽는 것 자체가 무의미해질 수 있다. 특정 종교, 그것도 시민적 관점에서 부정적일 듯싶은 기독교 이야기로 몰아세워 버리면 독자층을 기독교에 우호적인 사람들로 한정지을 수밖에 없을 듯싶다.

아우구스티누스에게서 종교를 떼어낼 수 없는 것은 분명하지만, 그것만으로 아우구스티누스를 통해 현대인의 모습을 반추하는 시도 그 자체를 거부할 이유인 것은 아니다. 모쪼록, 이 책을 읽으면서 항상 염두에 두기 바란다.

2. 안으로 들어가라!

1) 안으로 들어가 발견한, '죄인'

(1) 인간, 쉬지 못하는 존재(I권)

『고백록』을 통해, 아우구스티누스는 무엇보다도 인간의 정체와 하나님의 은혜에 대해 강조하고자 했을 듯싶다. 히포 교구의 모든 신앙인뿐만 아니라, 인간 모두에게 인간이라는 존재 자체가 스스로 의로운 도덕적 존재라고 내세울 만한 존재일 수 없으며, 나약하고도 사악한 존재라는 사실을 일깨워주고 싶은 마음이었을 것 같다.

그리고 인간은 행복한 삶을 원하면서도 행복하지 못한 처지에 있다는 점을, 더구나 그럭저럭 우울한 정도의 불행이 아니라 '비참한misery' 존재라는 삶의 진실을, 간절하게 호소하듯 그의 혼신의 힘을 다해 말해주고 싶었을 것 같다.

마침내 진정한 행복에 이를 길이 있다는 사실 또한 소리쳐 말하고 싶었을 것이다. 인간은 '쉼'이 필요한 존재가 아닌가! 도무지, 어느 곳에서라도 결코 '쉬지 못하는' 인간의 모습, 그리고 '쉼'을 주시는 하나님의 은혜를 알아야 인간의 참된 행복을 말할 수 있기 때문이다.

이렇게 보면, '쉼'은 『고백록』에서 민감하게 유의할 첫 단어이다. 일평생 추적해온 문제, 즉 죄와 악의 문제들에 대한 고민을 해소할 답이 진정한 쉼에 있기 때문이다.

당신께서는 인간의 마음을 감동시켜 당신을 찬양하고 기뻐하게 하십니다. 당신께서 우리를 지으실 때, 당신을 향하여 살도록 창조하셨으므로 당신 안에서 쉴 때까지는 우리 마음이 쉴 수 없습니다.1.1.1.

　여기에서, 또 다른 질문이 생긴다. '쉼이란 무엇인가?' 인간에게, 쉼은 절대적으로 필요하다. 쉬고 싶다는 말을 입에 달고 산다면, 그것은 아마도 쉬고 싶지만 쉴 수 없음을 아쉬워하는 반어법일 가능성이 크다.

　분명, 쉬고자 하는 마음은 인간의 보편적 욕망이다. 동시에 그것은 창조의 질서에 속한다. 창조주가 일곱째 날에 쉰 것처럼, 모든 피조물에게 쉼의 원칙을 정해주었기 때문이다. 문제는 쉼의 내용과 방식에 있다.

　따지고 보면, 현대인은 과거에 비해 쉼의 기회와 방식에서 다양한 경험을 지니게 되었다. 일반적으로, '쉼＝레저' 혹은 '쉼＝휴가'의 등식을 상정하기 마련이다. 레저의 시대를 반영하듯, 쉼의 의미가 축소되고 '휴가'의 대체어 정도에 그치고 있다.

　그런가 하면, 쉬고 싶어도 쉬지 못하는 많은 이들에 대한 사회적 배려가 필요한 것 또한 사실이다. 현대인에게서 쉼은 경제적이고 사회적인 요인들이 크게 작용하는 주제인

셈이다. 복지지향적인 사회정책과도 긴밀하게 연관된 것
이라는 점에서, 쉼에 관한 성찰은 휴가 혹은 레저의 대체어
차원을 넘어 종합적이고도 심층적인 접근이어야 한다.

 '쉼'의 내용과 방식은 무척이나 다양하다. 다만, 우리의
관심과 연관하여 몇 가지 질문을 간략하게 살펴볼 필요가
있다. 왜 쉬어야 하는가? 인간은 쉬고 싶어 하면서도, 왜 쉬
지 못하는 것일까? 이 질문들은 쉼에 관한 아우구스티누스
의 생각들을 '안식사상安息思想'으로 어렵게 풀어내기 위한 예
비작업이 아니다. 『고백록』에 대한 바른 이해를 위한 열쇠
가 되어 주리라 생각하는 셈이다. 『고백록』에는 쉼의 신학
적 특성이 반영되어 있기 때문이다. 특히, 첫 문장에는 일
상으로부터의 물러남 그 이상의 쉼에 대한 성찰이 담겨 있
다. 죄와 악에 대한 불안을 극복하고 행복한 삶을 추구해야
한다는 것이 그 요점이다.

 고백록 첫머리에서 짐작할 수 있듯이, 아우구스티누스가
보기에 쉼에는 신학적 특성이 있다. 죄로 인한 비참함과 불
안을 극복하지 못하면, 진정한 쉼에 이를 수 없다고 생각했
기 때문이다. 더구나 이론상의 설명을 넘어, 아우구스티누

스 자신이 체험한 진실이었다. 그는 영혼의 불안을 안고 살았다. 인간이란 죄인으로 전락해버렸고 하나님을 떠나 비참한 지경에 이르렀다는 인식이 그것이다.

죄책, 자책, 회한, 그리고 분노와 같은 삶의 언저리에 나타나는 한계요소와 죄의 흔적들을 지워버리고 그 불안을 해소하는 '정답'을 찾는 것이야말로 참되고 영원한 안식이라는 점을 강조하고 있는 셈이다.

불안不安이라는 말을 안식 혹은 쉼의 상대어로 사용할 수 있다면, 적어도 아우구스티누스에게서 쉼이란 고요하고 정적인 것이라기보다 죄로 인한 징벌과 심판에 대한 불안을 극복하고 인간의 실존적 한계상황을 넘어서게 할 역동성을 지닌 것이라 할 수 있겠다.

'고백'해야 하는 이유가 이것이다. 한적하고 방해받지 않는 쉼이라기보다 불안에 대한 적극적 해법이라는 점에서, 쉼을 위한 적극적 갈망과 은혜롭게 주어지는 것으로서의 쉼이 요청된다. 죄에 대한 참회, 용서와 회복의 은혜가 필요하다는 뜻이다. 책 제목 그대로 '고백'을 받아줄 존재, 즉 하나님은 신학적 교리 혹은 학문적 지식을 통해 알려진 존재가 아니다.

『고백록』에서 '당신'으로 표현된 고백의 대상인 하나님은 때로 지나치게 탐닉했고 때로 구차했으며 때로 부끄럽기 짝이 없었던 지난날 아우구스티누스 자신의 삶의 모든 과정에서 체험한 존재, 즉 기다리며 용서하며 기회를 주며 새로움을 허락하는 구체적이고 실존적인 하나님이었다. 지나온 날을 돌이켜보건대, 하나님은 전지전능全知全能, 무소부재無所不在의 존재인 동시에 용서와 사랑으로 표현되는 은혜의 존재였다.

더욱 중요한 것은, 하나님 앞에서의 인간에 관한 성찰과 참회의 고백이 필요하다는 점이다. 하나님에 대한 앎이 마침내 인간의 정체에 관한 진실을 보여주는 근거가 되어 초라하고도 부끄럽고 어느 것 하나 내세울 수 없는 유한한 존재이자 죽음에 직면하게 될 존재임을 깨닫게 된다는 것이다. 이러한 감정을 누군가의 말처럼, '피조물 감정'이라고도 할 수 있을 법하다. 혹은 종교학자들의 표현처럼, 신성함에 대한 체험일 수 있겠다.

내 영혼의 집은 당신께서 들어오시기에는 너무 비좁습니다. 넓혀 주소서. 폐허가 되어버렸으니 고쳐 주소서. 당신께 거슬리게 한 것이 너무도 많다는 것을 알기에 고백합니다I.5.6.

좀 더 진솔하게 말한다면 인간이라는 존재는 위대한 존재라기보다 결국 '죄인'이라고 고백하지 않을 수 없다. 나름대로는 잘난 것처럼 으스대고 꽤나 자유로운 존재인 양 우겨대지만, 그 내면에는 해결되지 않은 죄책감과 죽음에 대한 불안을 벗어던지지 못하는 실존적 정황이 인간의 몫으로 남아 있다.

자신의 노력과 공로를 통해서는 참된 쉼을 얻지 못하여 이것저것 기웃거리며 불안해하는 존재일 뿐이다. 인간이란 진정한 '쉼'이 필요한 존재이기 때문이다. 『고백록』 첫머리가 하나님을 찬양하고 하나님 안에서의 쉼을 갈망하는 이유가 여기에 있다.

쉼을 갈망하는 불안의 근원, 즉 죄에 대한 아우구스티누스의 고백은 유아기의 기억으로까지 거슬러 올라간다. 목회자가 된 지금, 아우구스티누스는 교구의 어린이들을 보면서 자신의 옛 모습을 떠올렸을 것이다.

따지고 보면, 가혹한 말인 것처럼 보일지 몰라도 갓난아기 혹은 젖먹이라는 이유로 죄로부터 자유로울 수는 없다. 겉보기에 천사처럼 순진무구해 보여도, 죄의 그림자는 벌써부터 드리워져 있다.

내 어린 시절의 죄를 누가 내게 말해 주겠습니까? … 어린아이가 질투하는 것을 보았습니다. 말도 할 줄 모르는 아이가 제 젖을 다른 아이가 먹는 것을 보고 얼굴이 새파랗게 되어 분을 내고 있었습니다1.7.11.

이 순간을 재구성하면, 이렇게 될 듯싶다. 젖을 빨고 있는 아기가 저토록 질투하며 성질을 부리다니! 인간이 나이가 들면서 죄에 오염되는 정도가 심각해지는 것은 분명하지만, 거의 인생의 출발점에 해당하는 저 아기에게서도 죄의 흔적이 발견되다니!

절망스럽지만, 성경의 교훈처럼 "인간이란 죄악 중에서 출생되었고 어머니가 죄 중에서 나를 잉태했던 것이로구나!"시51:5. 내 인생 어디에서 언제라도 죄 없던 때가 과연 있었을까? 결국 아우구스티누스는 이렇게 고백하고 만다. "인간이란 결국 이런 존재일 뿐입니다."

하물며, 학교에 다니던 어린 시절은 오죽했을까? 돌이켜보면, 착한 아이 혹은 공부 좀 하는 모범생이라고 칭찬을 듣기는 했지만, 과연 죄 없는 존재였을까? 솔직히 학교에서의 쓰기, 읽기, 암기 등을 태만히 하지 않았던가!

인간은 도무지 죄로부터 벗어난 순간을 누리지 못하는 존재인 것을, 심지어 장난을 치는 순간에도 인간은 죄짓는 즐거움을 만끽하려 버둥거리는 존재라는 것을, 이제야 깨닫는구나! 이토록 죄 많은 인생을 기다려주고 기꺼이 용서하는 하나님은, "참으로 찬양을 받을 분이십니다."

흥미로운 것은, 아우구스티누스의 생애에서 질병으로 인해 위기를 경험한 사건들이 그의 세례와 연관되어 있다는 점이다. 질병의 위기를 통해 세례를 받을 기회가 있었지만, 아우구스티누스가 밀라노 교외의 어느 곳에서 회심에 이르기까지 그 기회는 연기되곤 한다.

어린 시절 복통으로 죽을 고비를 맞이하면서 세례받을

기회가 있었던 것을 기억하면서, 아우구스티누스는 내심 후회스러웠던 듯싶다. 방황하지 않고도 진리의 길에 들어설 수 있었으리라는 생각 때문일 것이다.

어쨌든, 아우구스티누스의 일생에서 어린 시절부터 진리의 문은 항상 열려 있었지만 막상 그 문을 열고 들어가지 못한 경우들이 있던 것은 분명해 보인다. 그것 역시 죄에 물들어 있는 자신이 옛 모습을 회상하는 대목에 끼워져 있다. 아우구스티누스는 자신이 진리의 문에 쉽게 들어가지 못한 이유들을 생각하면서, 죄로 오염된 문화 속에서 방황했던 것은 아닌지 질문한다.

인간의 문화가 죄로 오염된 탓은 아닐까? 돌이켜보면, 어린 시절에 학교에서 경험했던 교사들의 무심함과 위선은 음탕한 이야기들로 가득한 신화를 가르치던 모습에 적나라하게 투영되어 있었다.

호메로스의 시와 그리스-로마의 신화를 교재로 삼으면서, 그 안에 담긴 부도덕하고 옳지 못한 모든 것을 당연시하며 읽고 쓰고 외우라고 하던 교육현장은 얼마나 부끄러운 것이었던가! 결국, 죄를 죄로 인식하지 못하게 했던 것 아니었을까? 죄책감은커녕, 죄를 묘사한 내용들을 암기시키고 그것을 문화라는 이름으로 미화시켰던 모습들은 부끄럽기 짝이 없다.

답답한 것은, 발음이나 문법이 조금만 어긋나도 격하게 반응하면서 정작 죄의 문제에 대해서는 무감각하고 하나님을 향한 관심조차 전혀 없는 '인간의 문화'라는 것이 정당화되고 있다는 점이다. 교육의 내용 자체가 타락해 있었지만, 문화라는 이름으로 미화되고 있는 현실에 대한 개탄이 담겨 있는 셈이다.

회심 후 하나님의 은혜를 입은 시점을 기준으로 그때를 회상하며, 아우구스티누스는 문화와 교육이 지식의 통로이기는 하지만 그것을 통한 지식보다 더 중요한 것이 있음을 확신하게 된다. 내면의 진실, 양심의 소리에 대한 바른 인식이 그것이다.

돌이켜보면, 이제야 이 진실을 알게 된 것이 너무도 늦은 감이 든다. 마치 성경의 비유, '탕자 이야기'처럼 인간이란 죄짓는 동안 죄를 모르는 것처럼 애써 외면하고 있지만 결국은 아버지에게로 돌아와야만 참된 쉼을 얻을 수 있는 존재가 아닌가!

지나온 날들 전부가 진리 자체인 하나님을 떠나 방황하던 시간이었고 진리 아닌 것들에서 진리를 찾아내려 헛되게 돌아다니던 시간이었음을 뼈저리게 느끼고 후회의 고백을 하고 있는 셈이다.

'탕자蕩子'라는 단어에 오버랩된 이미지처럼, 아우구스티누스의 삶은 방탕했고, 쾌락에 놀아나 진리가 무엇인지를 까맣게 잊고 헛되이 방황했던 것이 사실이다. 아우구스티누스가 보기에, 자신의 옛 모습이 교훈해주는 것처럼 탕자 이야기의 주인공은 다름 아닌 아우구스티누스였다. 진리에 대한 탕자이며 영원에 대한 탕자였다. 아우구스티누스가 보기에, 탕자의 자화상은 모든 인간의 모습에 투영되어 있으며 그것이 인간의 정체성이라는 사실을 누구라도 하루빨리 깨달아야만 한다.

심지어, 인간이 성장하면서 죄 역시 장성한다. 죄란 그런 것이다. 본질적으로 인간은 죄에 오염되어 있는 셈이다. 어린이가 천진난만하다고 해서 죄와 무관할 수 없는 것처럼, 어른이 되었다고 해서 죄를 이겨낼 수 있는 것은 아니다.

어른이 짓는 죄는 그 형식과 표현이 달라졌을 뿐, 어린 시절의 죄와 전혀 다르지 않다. 더 심해졌으면 심해졌지 결코 개선되지 않는다. 성장하고 성숙했다고 해서 죄를 이겨 냈다고 말할 수 없다는 뜻이다. 오히려 더 심각한 요소들과 결탁되어 더욱 큰 문제로 이어진다.

회고하건대, 인간이 영원한 진리 자체인 하나님을 대신할 그 무엇을 찾아다니는 것은 헛된 일이요, 방황일 따름이다. 쾌락이나 명예, 그리고 문화적 자존심 따위가 하나님을 대신할 수 없기 때문이다.

문화와 교육을 통해 전문가로 등극하고 스타가 된다고 해도 여전히 죄는 인간에게서 떨어져 나가지 않는다. 아니, 인간이 죄를 버리지 않거나 즐기는 것이라고 해야 맞는 말일 것이다. 아우구스티누스의 관점대로 하자면, 정말 인간이 죄 때문에 고민하고 악을 극복하고 싶다면, 그 길은 오직 한 가지이다.

요컨대, 용서하며 은혜를 주는 하나님을 만나려 하지 않는 한, 죄인으로서의 인간은 더욱 혼란과 오류에 빠져들 뿐이다. 아우구스티누스와 더불어 현대인이 발견해야 할 인간 자화상이 이것이다.

(2) 인간, 실존적 한계의 존재

① 배 서리? 죄 없지 않다! (II권)

아우구스티누스가 죄 문제를 들고 나온 것은 그의 종교적 감수성을 전염시키려는 취지가 아니다. 그런 면이 전혀 없었다고 하기는 어렵겠지만, 보편적인 관점에서 설명하자면 인간에 대한 성찰의 문제를 제기해 준 것으로 볼 수 있다.

스스로의 힘으로 모든 것을 이룰 수 있다고 뻐기는 인간의 자기과시, 영원할 것처럼 착각하는 어리석음, 그리고 마음껏 누리고 살 수 있을 것처럼 쾌락에 탐닉하여 살아가는 인간의 모습을 고발하는 중요한 통찰을 나누고 싶었다. 인간은 실전적 한계를 지닌 존재이며, 시간에 얽매인 유한자라는 사실을 조명해주는 가장 분명한 개념이 '죄'였던 셈이다.

아우구스티누스는 청소년 시절의 죄를 더욱 심각한 문제로 상정한다. 흔히, 청소년기를 성장통을 겪으며 커가는 시기라고 간주하곤 하지만, 좀 더 신중하게 생각해야 한다. 어린 시절의 죄가 다른 형태로 대체되고 더욱 격렬해지는 것이기 때문이다. 어린 시절에 잠재되었던 욕망들이 여러 형태로 분출되고 스스로를 욕망의 불꽃에 사르기까지 한다.

질풍노도의 시기라는 말도 있듯이, 청소년 시기는 아우구스티누스에게 격렬한 발산의 시기였다. 무엇 하나 거리낌 없이 마음껏 발산하는 열정은 자유의 범위를 넘어서는 것이었다. 무엇보다도 사랑에 눈을 뜨면서, 여러 가지 사랑을 추구하게 된다. 자칫, 순수한 사랑과 추잡한 정욕에 대한 구분조차 못한 채, 어떤 징벌을 받게 될지조차 의식하지 못한 채, 혼란과 격정으로 치닫고 만다.

나는 마음이 혼미한 상태에 있었기 때문에, 과연 무엇이 순전한 사랑인지 무엇이 더러운 정욕인지 분간할 수 없었습니다 II.2.2.

더욱 안타까운 것은, 스스로 교만해져서 무엇이든 마음

먹은 대로 행하고 즐기고 누리는 것이 행복인 양 착각하게
되었다는 점이다. 정작 자신의 모습이 죄를 향하여 돌진하
고 있는 것임을 전혀 깨닫지 못한 채로 귀가 어두워졌고 진
리를 멀리 떠나 음탕한 생활 속에 지내며 스스로를 낭비하
고 만다.

당시에, 사랑이라는 이름으로 자행된 아우구스티누스의
행위들은 말 그대로 지나친 것이었다. 방종과 격정이 결탁
하여 후회가 남을 짓을 거침없이 이어가는 어리석음에 빠
지고 말았다.

그 당시, 나는 마음대로 놀아날 수 있도록 고삐가 풀려 있어
서 아무런 제제도 받지 않고 내 마음대로 놀이의 범위를 넘
어 방탕한 지경까지 이르렀습니다Ⅱ.3.8.

아우구스티누스는 자신의 청소년기가 죄를 향하여 치달
던 시기였음을 회상하면서, 한계를 벗어나 도무지 회생할
가망이 없어 보일 정도였음을 고백한다. 사실, 아우구스티
누스의 고백을 근거로 추정해보면 그다지 심각한 청소년

기는 아니었던 것 같아 보인다. 하지만, 아우구스티누스 자신이 보기에 지나친 것이었다. 특히 현재의 관점, 즉 X권의 시점에서 볼 때, 부끄럽기 짝이 없는 후회스러운 일들이었다.

성년이 되고 기독교인으로 회심하고 성직자까지 된 시점에서 되돌아볼 때, 자신의 과거를 설명할 수 있는 단어 중에서 가장 적절한 것이 '죄'와 '죄인'이었을 것이다. 그것보다 더 절절한 표현은 없었을 듯싶다.

더구나, 이토록 심각하고 지독한 격정의 시기에도 하나님이 아우구스티누스를 버리지 않았음에도 불구하고 정작 아우구스티누스 자신은 깨닫지 못하고 있었다. 적어도 X권의 시점에서 볼 때, 자신을 향한 은혜의 내러티브를 발견하지 못한 채 진리로부터 멀어지고 있었던 사실에 부끄럽고도 죄송한 마음에 몹시도 안타까운 기억이었을 것이다.

열여섯 살 때 있던 일로 기억되는 '배 서리' 이야기는 매우 큰 상징성을 지닌다. 일반적으로 '서리'라는 말 자체가 그렇지만, 동서양을 막론하고 성장기의 여러 추억이거나 성장통의 하나로 넘겨버리기 쉬운 일이다. 그러나 정작 '배 서리' 이야기의 내용은 아무렇지도 않게 성장통이겠거니 생각하고 넘어가기에는 너무 큰 죄를 포함하고 있다.

한 가지 유념할 것은, 아우구스티누스가 인간이란 죄인이라는 점을 일방적으로 고발하고 매도하려 했던 것이 아니라는 점이다.

인간은 그의 전 생애를 통해 죄로부터 자유로울 수 없는 실존적 특성을 지니고 있다는 사실에 유의할 필요가 있다. 성장의 각 단계마다 인간에게 죄의 그림자가 짙게 드리워져 있다. 청소년기의 추억일 수 있었던 배 서리를 하나의 사건으로 해석하는 이유 또한 다르지 않다.

우리는 각자 양껏 배를 훔쳐 와서 그것을 먹지는 않고 몇 개 겨우 맛만 본 후에 돼지 떼에게 던져버렸습니다. 이런 짓을 하는 것이 즐거웠습니다. 하지 말라는 것을 하는 재미가 들렸던 셈입니다II.4.9.

여기에서, 상식적인 질문을 하지 않을 수 없다. 왜 이토록 심각해야 하는가? 지나친 것 아닐까? 배 서리 정도는 애

교스러운 일이라고 넘어가지 못할 정도로 지나치게 예민해서가 아니다. 죄에 대한 탁월한 분석을 따라 말하자면, 도둑질 그 자체를 즐긴 것 혹은 어긋난 사랑의 문제를 놓쳐서는 안 된다.

아우구스티누스는 인간이 진리를 사랑하는 카리타스 caritas의 길에서 벗어나 뒤집힌 가치관으로 어긋난 사랑, 즉 쿠피디타스 cupiditas에 빠져들고 있음을 강조하고 싶었을 듯싶다. 특히, 죄를 짓는 쾌감 그 자체를 즐긴 것을 문제 삼아야 한다는 뜻이다.

이것이야말로 인간이 죄인이라는 사실을 분명하게 보여 주는 요소일 것이다. 생각해 보면, 선을 행하기 위해서는 큰 마음 먹고 선을 위해 노력해야 하지만, 악을 행하기에는 즐겁고 몸에 밴 것처럼 자연스러운 것은 분명히 죄의 흔적이요 인간의 현실을 상징한다.

나의 나쁜 짓을 사랑했습니다. 그 나쁜 짓을 통해 뭔가를 얻으려 했다기보다 나쁜 짓 그 자체를 사랑했습니다 II.4.9.

더구나, 이 사건에는 공범共犯의 문제에 대한 분석도 들어 있다. 사실, 죄는 개인의 은밀한 것일 수 있지만, 죄의 전염성은 독하다. 죄짓는 일에 너무도 쉽게 합의하여 흥미를 느끼며 가담한다는 점에서, 죄의 사회적 보편성에 대한 고발과 함께 인간이란 죄인이라는 사실에 대한 강력한 반증이 들어 있는 셈이다.

인간이 선을 배우고 행하기란 쉽지 않다. 이상하리만큼 인간은 죄짓기에 능하고 악에 대해서는 어렵지 않게 터득하는 성향을 지니고 있다. 어찌 보면, 악을 행하는 것 자체를 즐기는 것일지도 모른다.

그렇다면, 인간이 이토록 죄짓는 일에 거리낌이 없는 이유는 무엇일까? 맥락은 다를 수 있지만, 범죄에 관한 현대적 이해의 몇 가지 방법론을 참고한다면, 아우구스티누스와의 비교가 의미 있는 결과로 나타날 수 있다.

대표적으로, 유전자를 탓하는 경우를 생각해 보자. 과연, 인간의 유전자 자체에 문제가 있는 것일까? 만일 유전자 문제라면, 인간의 죄를 탓할 수는 없는 노릇이다. 죄를 유전자 문제라는 신체적 요인에 따른 것으로 설명하는 것은 옳지 않다.

혹은 범죄심리학 내지는 범죄사회학에서처럼, 프로파일링을 근거로 하여 범죄를 분석하는 길도 의미 있다. 하지만, 범죄를 환경적 요인으로 설명하는 것은 아우구스티누스가 말하고자 했던 인간의 정체에 관한 자기고발과 거리가 있어 보인다.

아우구스티누스의 관점은 범죄에 관한 현대적 접근과 사뭇 다르다. 이 부분에서, 그의 방법론 즉 내성법이 시대에 뒤떨어진 것이라고 몰아세워서는 안 된다. 인문학의 맥락에서, 아우구스티누스의 자기성찰은 현대인에게 많은 것을 시사해준다.

특히, 아우구스티누스가 제시한 것처럼, 죄 문제에는 인간이 자발적으로 즐기는 측면이 담겨 있음을 주목할 필요가 있다. '원죄'라는 말을 쓸 수 있다면, 그것은 인간의 유전자 문제라기보다 인간의 왜곡된 자발성의 문제로 해석되어야 한다. 자유의지의 남용이 문제의 핵심이라는 뜻이다.

아우구스티누스의 독창적인 해석, 즉 죄란 '교만'에서 비롯된 것이라고 말하는 이유가 여기에 있다. 그것은 카리타스의 길을 벗어나 쿠피디타스에 젖어 사는 인간의 현실을 보여주는 것인 동시에 그 원인은 외부에 있는 것이 아니라는 점을 보여준다. 죄의 원인은 어긋난 사랑 혹은 질서를 뒤집은 사랑으로서의 쿠피디타스에 있으며, 교만은 쿠피디타스의 핵심적인 요소라 할 수 있다.

죄짓기를 즐기고 공범이 되기를 마다하지 않는 '배 서리' 추억은 죄인으로서의 인간의 정체와 현실을 설명해주는 종합세트이다. 이 사건 속에서, 교만은 중요한 동기로 작용했으며 동료애라는 것을 빌미로 공범들까지 끌어들였다. 스스로를 높이고 죄를 변명하는 것이 문제인 셈이다.

죄를 지으면서도, 이것쯤이야 추억이라고 생각해 버리는 것 자체가 지독한 교만이다. 교만이란 영원불변한 하나님에게만 해당하는 영광을 흉내 내는 어리석음이다. 은혜를 주신 하나님을 향한 추악한 도전이다. 또한 의지의 왜곡, 즉 사랑의 질서를 거스른 것이다. 아우구스티누스에 따르면,

오, 우리 주여, 이러한 저급한 질서에 속한 것들을 더 사랑하면

서 진정으로 선하고 가장 선하신 당신과 당신의 진리, 당신의 법을 소홀히 여기는 무질서한 사랑이 죄의 원인입니다Ⅱ.5.10.

교만하여 하나님에게 도전하는 것은 반드시 실패하고 만다. 오히려, 교만은 인간이 어쩔 수 없는 죄인이라는 점을 확인시켜줄 뿐이다. 청소년기의 성장통이 아니라, 죄에 대한 철저한 분석의 계기로 삼을 수 있는 '배 서리' 이야기는 인간이란 성장하면서 죄를 더 험악하게 짓는 존재일 뿐임을 보여주는 상징이다.

더구나, 하나님에게 내세울 것이라고는 없는 존재가 자신의 부끄러움도 모른 채, 자기를 높이려는 교만에서 비롯된 것임을 보여준다. 성장기를 통해 내적으로 성숙하는 것이 아니라, 더욱 대범하게 죄를 짓게 되고 마침내는 양심의 매듭이 뒤엉키고 헝클어져 스스로 풀어낼 수 없는 지경으로 치달을 뿐이다.

인간이 교만하여 하나님에게서 멀어져 방황하고 있는 것과 마찬가지 이치로, 겸손의 길을 통해 하나님에게로 돌아가야만 한다. 이를 위해 먼저 자신의 내면 깊은 곳으로 내려가 자신의 죄를 깨닫고 하나님 앞에서 죄를 고백하며 하나님의 긍휼을 간절히 소망해야 한다. 우리는 그때 비로소 하나님을 향하여 올라갈 수 있을 것이다.

말하자면, 교만으로 인해 타락한 인간은 겸손을 통해 그 은혜를 회복할 수 있다. 겸손의 덕은 인간의 공로에 대한 질문과 연관되기도 한다. 아우구스티누스가 보기에, 인간이 자신의 공로를 셀 때마다 하나님의 선물을 세고 있는 셈이다. 겸손은 우리 마음을 하나님에게 향하게 한다.

그러나 이 겸손의 길을 걷기 전까지, 아우구스티누스의 삶은 어긋나고 뒤엉켜 무질서한 사랑에 빠져 있었다. 인간이란 사랑의 존재라는 점, 그러나 교만하여 어긋난 사랑으로 지독한 자기사랑에 빠지게 되어 죄를 짓는 모든 과정을 아우구스티누스 스스로 겪고 있었다는 점을 회상한 셈이다. X권의 관점에서, 아우구스티누스는 탄식하며 간청한다.

누가 이렇게 뒤엉키고 헝클어진 매듭을 풀어 줄 수 있겠습니까? II.10.18

② 성장하면서, 죄도 커간다! (III권)

죄는 죄를 낳고 더 심각해진다. 죄를 죄로 인식하지 못하게 되는 것은 물론이고 죄를 즐기되 자신만 아니라 동료들과 어울려 함께 즐기는 신세가 되고 만다. 용서하시는 하나님을 만나서 쉼을 얻기 전까지, 죄의 불꽃은 더욱 커지고 스스로 그 불길에 그을리고 익어가는 줄 모른 채 말이다.

카르타고에서 공부하던 시절은 대표적인 사례가 된다. 무엇보다도, 깊이 뿌리박힌 정욕 특히 성욕으로 인해 방탕했던 부끄러움의 시간이었다.

이 시기에 아우구스티누스는 사랑에, 그것도 쾌감을 주는 사랑에 빠지고 싶었으며, 내면에 깊이 숨겨졌던 욕구불만이 기어이 터져 올라왔다. 타오르는 성욕으로 뒤엉킨 사랑의 대상을 찾고 있었으며, 심지어 사랑 그 자체를 사랑할 뿐이었다.

가뜩이나 성욕이 분출되는 청소년 시기였다. 누구에게도 간섭받지 않던 유학시절, 자유분방한 도시 카르타고에서 성욕을 중심으로 하는 욕정에 사로잡히고 말았다.

내가 사랑한 자의 육체를 즐길 수 있을 때는 훨씬 더 격렬했
습니다Ⅲ.1.1.

성욕에 대한 집착은 자유분방함으로 이어졌고, 외설적이
고 자극적인 일을 찾아다니던 끝에, 아우구스티누스는 그
당시 가장 위험천만했던 연극관람에 탐닉하고 말았다. 특
히 성욕에 관한 한, 아우구스티누스의 삶은 자유방임의 극
치를 이루었다. 한마디로, 카르타고에서의 삶은 교만과 난
폭함으로 치닫는 것이었다. 그 와중에 카르타고의 학교에
서 공부하는 일만큼은 열심이었으나, 자기성실에 따른 책
임감의 표현이 아니었다. 출세와 명성을 얻기 위한 교만으
로 타오르고 있을 따름이었다.

한 가지, 아우구스티누스의 여정에 긍정적으로 작용할
작지만 다행스러운 일이 있기는 했다. 진리를 향하여 한 걸
음 가까이 다가설 계기가 있었다. 열아홉 되는 때, 아버지
가 2년 전에 별세한 탓에 어머니가 어렵사리 보내주는 학
비로 공부하던 때였다.

아우구스티누스는 키케로의 『호르텐시우스Hortensius』를 읽

게 된다. 철학이라는 것이 무엇인지 본격적으로 깨닫게 된 중요한 계기였다. 이 책은 마음을 변화시켜 새로운 소망과 욕구를 심어주었다. 이 책을 읽고, 이제껏 지녀온 헛된 소망이 갑자기 보잘것없는 것으로 여겨졌다. 불멸의 지혜를 추구하고픈 욕구로 가득 차서 하나님에게로 돌아가고자 일어서고 싶었다.

사실, 아우구스티누스에게는 철학이라는 단어 자체가 매혹적이었다. 영어로 philosophy로 표현되는 이 단어는 '사랑philos'이라는 말과 '지혜sophia'라는 말이 합성된 것으로, '지혜에 대한 사랑'이라는 뜻으로 옮겨진다.

좀 더 적극적으로, 이 단어는 지혜를 사랑하는 사람 혹은 지혜의 연인이다. 어렴풋이, 진리, 지혜, 그리고 영원한 하나님을 향한 그림이 그려지고 있었다는 뜻이다. 성욕에 이끌리어 육체적이고 현세적인 것이 전부라고 느끼고 있었던 아우구스티누스에게는 영원한 진리를 향하여 나아가게 하는 강렬한 빛줄기였다.

하지만, 거기까지였다. 아직은 아니었다. 철학에 대한 관심을 갖는 것 자체는 천만다행이었지만, 아직 기독교신앙을 향하여 나아가기에는 턱없이 부족했다. 사실, 어린 시절 어머니에게 들었던 성경의 내러티브를 간직하고 있었다.

철학에 초대한 권유로서 키케로의 책이 적절했지만, 이러한 것들은 아우구스티누스를 그리스도인으로 만드는 데는 턱없이 부족했다. 그럼에도 불구하고 물질적인 것, 육체적인 것, 가시적인 것이 전부가 아니라, 그 이상의 가치가 있음을 직감하고 어렴풋한 관심을 가지게 되었다는 점은 중요하다.

여기에서 진리를 향하여 나아가야 했지만, 아우구스티누스는 결정적으로 빗나가 버린다. 마니교를 선택한 것이다. 이유는 다양하다. 가뜩이나 부풀어 터질 것 같은 청춘은 냄비가 끓어오르는 것처럼 격정이 넘쳐나던 도시 카르타고에서, 아우구스티누스의 청소년기와 청년기는 정욕의 불길을 무차별적으로 내뿜은 탓에 성적 쾌락의 노예가 되어 있었다.

이때, 아우구스티누스는 크게 빗나갔다. 성장과정이 죄로 물들어버린 것을 두고 스스로에게 느끼는 일말의 부끄러움과 사악함을 그럴싸하게 미화시켜줄 종교와 만났고,

이를 계기로 한동안 아우구스티누스의 삶은 아주 크게 어긋나버린다.

내심, 변명은 하고 싶었을 것이다. '악은 어디에서 오는가?' 이 질문에 대한 답을 찾고 있던 차에, 마니교의 해법을 선택했던 것이라고 말이다. 하지만, 구차한 변명일 뿐이다. 마니교를 선택하게 된 데에는 추악한 이유가 더 크게 작용하고 있었다.

성욕에서 비롯되는 악행을 포함한 모든 죄가 인간의 자발성에 의한 것이 아니라, 인간보다 힘이 센 악한 신의 강요에 따른 것이었다는 설명이 자신의 성욕을 정당화시켜주기에는 안성맞춤이었다.

더 큰 문제는, 진리로부터 멀리 떨어져 나가고 있으면서도 마치 진리에 근접하고 있는 것처럼 느끼고 있었다는 점이다. 지독하고도 심각한 착각이었던 셈이다. 악이란 선의 결여이며 그 자체로서는 존재하지 못하는 것임을 아우구스티누스는 아직 모르고 있었다.

마니교에 심취했던 그 시절, 아우구스티누스가 범하고 있던 오류들 중에는 하나님을 물체로 생각한 것과 하나님의 정의가 논리적이지도 못하고 일관성도 없다는 생각까지도 포함된다.

마니교의 설명법을 따라 하나님을 물체로 생각한 것은 결정적 오류였다. X권의 관점에서 회고해 볼 때, 하나님은 영靈이기 때문에 길이와 넓이를 채우는 어떠한 지체도 가지고 있지 않다는 것과 또한 어떠한 부피를 가진 존재가 아니라는 점을 모르고 있었다. 또한 하나님의 정의가 이치에 맞지 않는다고 곡해하는 마니교의 관점을 수용하여 스스로 오류에 빠져들었다.

게다가 성경 왜곡을 서슴지 않았다. 구약성경 족장들의 일부다처주의, 모세의 살인행위 등을 이유로 성경인물들을 비난하면서 하나님의 정의가 변덕스러운 것이라고 몰아세우는 일에 가담하고 있었다.

X권의 관점, 즉 히포 교구의 목회자인 동시에 기독교신학의 권위자가 된 아우구스티누스의 관점에서 볼 때, 진정한 내적 정의 즉 단순히 관습에 따라 판단하는 정의가 아닌 전능한 하나님의 정의에 대해 모르고 있었다.

하나님의 정의는 모든 장소와 모든 시대의 관습에서 그

장소와 시대에 알맞게 변용되어 적용되지만 정의 그 자체
는 시간과 장소를 넘어 변함이 없다는 것을, 어느 곳에서는
이렇고 다른 곳에서는 저렇고 등등으로 변덕스러운 것이
될 수 없다는 것을, 아직은 깨달을 수 없었다.

그래서 아브라함, 이삭, 야곱, 모세, 다윗을 비롯하여 하
나님으로부터 칭찬을 받은 모든 사람에 대한 평가 역시 왜
곡되어 있었다. 아우구스티누스가 나중에 깨달은 것처럼,
성경의 인물들이 하나님의 내적 정의를 따라 의롭다고 칭
함을 받았지만 어리석은 마니교도들은 성경의 인물들을 의
롭지 못한 존재였다고 왜곡하고 있었다. 마니교도들은 인
간의 판단을 기준으로 성경을 해석하거나 자신들의 특수하
고 부분적인 도덕의 좁은 규범으로 인류 전체의 도덕 일반
을 규정지으려 했기 때문이다.

한때, 잘못된 판단에 의해 9년 동안이나 몸담았던 마니교
의 오류와 허위를 깨닫고 난 이후, 진리에 대한 인식에서 오
류와 왜곡이 얼마나 큰 차이를 낳는지 절감한다. 아우구스티
누스는 당시의 자신을 포함하여 마니교가 주장하는 하나님
과 성경에 대한 왜곡된 해석을 두고 다음과 같이 진단한다.

생명의 원천이시요, 유일하시며 창조주이시며 통치자이신 주님, 당신을 등지고 살면 이러한 일들을 저지르고 맙니다. 사람이 어리석고 교만해지면, 부분적인 것을 마치 전체적인 것인 듯 사랑하게 되고 맙니다. 따라서 우리는 겸손과 경건함으로 당신께 돌아가야 합니다Ⅲ.8.16.

③ 어긋난 길에서 돌이키라! (Ⅳ~Ⅶ권)

아우구스티누스의 회상은 과거의 일들에 대한 기억력 자랑에 그치지 않는다. 일정한 스토리를 지닌 기억의 재구성이라고 하는 것이 맞을 듯싶다. 죄인으로서의 인간의 모습을 아우구스티누스 자신의 삶에 대한 기억으로부터 예증하는 것이라 할 수 있다.

특히 성년이 되는 시기였던 19세에서 28세에 이르는 기간, 문제는 정말 심각해졌다. 죄와 악에 대한 고민이 다른 차원으로 격상되었다는 뜻에서가 아니라, 아우구스티누스 자신이 심하게 망가져버린 것이다.

특히 종교적으로 너무 깊은 오류에 빠져서 무엇이 진리인지조차 의식하지 못하는 심각함에 빠져들었다. 혹은 진

리 아닌 것과 진리인 것 사이의 경계선을 놓쳐버린 채, 덫
에 걸려들었다. 오류와 허위의식, 그리고 왜곡으로 가득한
날들이었다.

종교에 대한 왜곡과 방황은 아우구스티누스의 여정에서
무척이나 심각한 요소이다. 그의 삶에서 진리를 찾아가는
길에 바른 종교 혹은 참된 종교에 대한 인식은 다른 그 무
엇보다도 중요한 요소였지만, 심각한 왜곡을 겪고 말았다.

마니교는 당시 문화에서 상당한 세력을 얻고 있었다. 사
이비 종교이면서도 당대의 대중적 인기를 얻고 있었으며
선과 악의 이원론적 사고방식을 대변하고 있었다. 아우구
스티누스는 마니교라는 거짓 종교에 놀아나면서, 그들과
어울려 명예를 추구하며 그들의 도움을 받아 공직에 올라
칭송받는 일을 즐겼다. 그것으로 그치지 않고, 나중에는 절
친한 친구들까지 마니교에 끌어들여 그들과 함께 마니교의
어리석은 종교행위들을 따랐다.

나의 친구들은 나와 함께 혹은 나에 의해 속고 있었습니
다 IV.1.1.

옛 모습을 회상하면서, 히포의 교구가 되어 있는 아우구스티누스는 하나님의 은혜를 간절히 구한다. 아무리 박수갈채를 받고 잘난 사람일지라도 하나님의 도움을 받지 못한다면 구원에 이를 수 없다. 본질적으로, 결국 인간은 인간에 불과하지 않은가! 마니교 시절의 어리석음에 대한 이야기는 지식과 진리에 대한 오류의 문제로 그치지 않는 더 큰 문제를 상징적으로 보여준다.

아마도, 마니교의 오류에 빠져 있던 때를 회상하면서, 아우구스티누스의 마음은 자신의 오류에 대한 회한과 함께 기독교에 대한 오해에 따른 미안함과 하나님을 향한 죄송함이 격하게 묻어났을 것이다.

그래서 이 시절의 오류에 대한 반성과 함께 하나님의 은혜에 대한 고백은 더욱 간절한 것이었을 듯싶다. 실제로 『고백록』에는 이 시기의 교리적 오류에 대한 설명들이 장황하게 이어지기도 한다.

무엇보다도 심각한 문제는, 이론적인 것보다 삶의 문제였다. 마니교의 영향 하에 있는 동안에는 윤리적으로도 진보를 기대할 수 없으며, 오히려 더 무감각하게 죄를 더해갈

뿐이었다.

무엇이 옳은 것인지, 마니교는 말해주지 않았다. 아니, 어긋난 삶을 부끄러움 없이 권장하고 있었다. 그것이 마니교의 결정적인 문제였다. 진리에 대한 왜곡은 물론이고 삶의 성숙을 위한 종교적 기능을 왜곡하고 도덕적 문제상황을 극단적으로 심화시킬 뿐이었다.

대표적인 예가 사실혼이다. 수사학 교수로 명성을 날리던 때, 동거생활이 시작되었다. 결혼으로 맺어진 사이가 아니었다. 이름이 알려지지 않은 여인과의 관계는 무려 14년이나 이어졌고 둘 사이에 '아데오다투스'라는 이름의 아들까지 낳았지만, 결과적으로 합법적인 결혼에는 이르지 못했다. 더구나, 점성술에 깊이 빠져 있었다. 마니교와 함께 교리상의 오류뿐 아니라, 윤리적으로도 심각한 오류에 빠져 있었던 셈이다.

그 어간에 내게는 한 여인이 있었습니다. 그녀는 정식 혼인으로 맺어진 사이가 아니라 무작정 방황하던 내 정욕이 찾아낸 사람이었습니다Ⅳ.2.2.

이 과정에서 기억해야 할 일들이 있다. 하나는 어머니 모니카의 간절한 기도이다. 모니카는 아들 아우구스티누스가 극렬한 쾌락중독에 빠져든 것도 모자라서 이제는 마니교에 심취해 있다는 소식을 듣고 충격을 받았다. 여기에서 중요한 것은 모니카의 신앙이다. 아들이 회심을 위해 포기하지 않고 지속적으로 기도했다는 점이 특히 중요하다.

아우구스티누스는 이 일을 결코 가볍게 여기지 않는다. 청소년 시절 당시에는 관심조차 가지지 않았겠지만, X권의 시점에서 본다면 어머니의 기도만큼 감사한 것도 없었을 것이다. 모니카의 기도와 관련하여 유명한 부분이 있다. 매일 교회에서 기도하면서 교구의 성직자에게 아들을 훈계해 달라고 권하는 모니카에게, 성직자는 이렇게 말해준다.

이제 돌아가십시오. 염려하지 마세요. 이렇게까지 안타까워하는 눈물의 자식은 결코 망하지 않을 것입니다Ⅲ.12.21.

다른 하나는 죽음에 대한 심각한 깨달음을 얻게 된 사건이 있었다는 점이다. 여러 가지 사정에 의해, 잠시 고향에

돌아와 수사학을 가르치던 때가 있었다. 이때, 아우구스티누스는 결정적으로 중요한 체험을 한다. 또래의 친구를 사귀고 그를 마니교에 데리고 갔으나, 이내 그 친구는 중병에 걸렸고 교회에서 세례를 받은 이후 건강을 되찾았다. 신기한 일이었다.

하지만, 그것뿐이었다. 그는 아우구스티누스에게 마니교를 떠나라고 권했고, 얼마 지나지 않아 절명했다. 신기하고도 중요한 경고였지만, 아우구스티누스는 그 경고를 받아들이지 않았다.

다만, 절친했던 친구가 절명한 사건을 두고 깨달은 것이 있기는 하다. 우정을 포함하여 사람을 사귀는 것은 그리 간단한 문제가 아니라는 사실을, 그리고 본질적으로 인간이란 비참한 존재라는 사실을, 어렴풋이 깨달았다.

우정이라는 것 역시 영원한 것은 아니며, 인간 자체가 가변적이고 우연적인 존재임을 깨달은 것이다. 안타깝게도, 그것뿐이었다. 그 사건을 통해 중요한 깨달음을 얻어 진리를 향한 새로운 전기를 마련했어야 함에도 불구하고 더 이상 나아가지 못하고 있었다.

아무 일 없었다는 듯이, 아우구스티누스는 다시 카르타고로 돌아갔다. 그곳에서 친구들과의 우정을 통해 마음의 상처를 위로받으면서, 깨닫는 것이 있기는 했다. 죽음이 그토록 쉽게 내 마음 깊숙이 스며든 이유는 무엇일까? 죽을 수밖에 없는 사람을 마치 결코 죽지 않을 것처럼 사랑해서 헛된 일에 시간을 버린 것은 아닐까?

아우구스티누스는 우정의 문제를 중심으로, 중요한 통찰을 얻었다. 고향에서 절친했던 친구의 죽음과 카르타고에서 친구들의 위로라는 경험을 통해 얻은 것이 있었던 셈이다. '죽음'이란 실재하는 것이며, 그것으로 인해 인간은 비참한 존재일 수밖에 없다는 것을 말이다. 이러한 깨달음은 우정을 포함하는 사랑의 본질과 가치에 대한 깊은 생각에 이르게 하였다. 독백형식으로 표현한 문장에서, 아우구스티누스는 말한다.

사물들이 너를 즐겁게 하거든 그것 때문에 하나님을 찬양하여라. 그것들에게 사랑을 쏟아붓지 말고 그것들을 지으신 창조주를 사랑하라. 사물들에 대한 사랑으로 인해 자칫 하나님을 노엽게 해서는 안 될 것이다. 만일 사람들이 너를 즐겁게 하거든 그들을 하나님 안에서 사랑하라. 사람도 가변적인 존재이기에, 그들이 하나님 안에 있을 때에만 확실한 사랑의 대상일 수 있을 것이다. 그렇지 않은 경우라면, 그들 역시 사라져버리고 만다. … 죄인들아, 너희 마음으로 되돌아가 너희를 지으신 그분을 굳게 붙들어라. 굳게 설 수 있을 것이다. 그분 안에서 쉬어라, 쉼을 얻을 것이다IV.12.18.

우정과 죽음과 인간에 대한 깨달음에서, 진정한 행복과 쉼은 하나님에게 있다는 점이 분명해졌다. 이 대목에서, 시제를 바꾸어, 『고백록』을 집필하는 히포 교구의 목회자로서, 아우구스티누스는 독자들에게 예수 그리스도를 통한 구원과 행복의 진리를 분명하게 선언한다.

참 생명인 그분이 우리에게 친히 오셔서 우리의 죽음을 담당하고 자신의 넘치는 생명력으로 죽음을 이기셨다는 확신이 아우구스티누스에게 자리 잡았다. X권의 시점, 즉 히포의 주교가 된 아우구스티누스는 확신을 가지고 말한다. 하나님은 우리를 불러 구원하신다고 말이다.

아우구스티누스가 『아름다움과 알맞음*De Pulchro et apto*』이라는 책을 썼던 것 역시 아마도 우정과 죽음에 대한 이러한 깨달음을 얻은 시기였을 듯싶다. 친구의 죽음과 우정의 소중함에 관한 당시의 깨달음은 큰 충격이었던 것이 분명하다. 하지만, 진술하지 못했다. 이 체험과 깨달음을 바탕으로 삶의 변화를 이루기보다 그 일들을 쓴 책이 유명해지기를 바라는 속물에 지나지 않았다.

아마도, 아우구스티누스는 창조된 것들의 다양한 아름다움을 넘어서 창조되지 않은 아름다움에 이르기를 권하고 싶었을 듯싶다. 적어도 X권의 관점에서 볼 때, 아우구스티누스는 창조된 아름다움을 경멸하라고 말하지 않았다. 중요한 것은 창조된 아름다움을 보고 하나님을 찬양해야 하겠지만, 창조된 아름다움에 끌려다니는 노예가 되지 않는 것이다.

만일 피조물의 아름다움에 끌려다니게 된다면, 피조물들의 매력이 인간의 영혼을 방해하여, 하나님을 향한 찬양은 피조물에 지나지 않는 그것들이 영원히 남아 있기를 바라는 허황된 바람으로 이어지고 말 것이다. 피조된 것들로부

터 눈을 돌려 하나님 안에서 행복을 찾으라는 것이 아우구
스티누스의 요점이다. 이 부분에서, 아우구스티누스는 행
동지침을 제시한다. 육체의 욕망이 인간의 영혼을 지배하
려 버려두지 말고 육체적 욕망을 다스리라고 말이다.

> 내 영혼아, 왜 그리도 어긋나서 네 육체에 휘둘리느냐? 네 육
> 체가 너를 따르게 해야 한다IV.11,17.

아우구스티누스는 감각적 쾌락의 본성들을 설명하고 그
것으로는 영혼을 만족시키기에 턱없이 부족하다는 점을 입
증해 보인다. 쾌락이란 한시적인 것들이요, 인간의 일부를
만족시킬 뿐 인간의 전체를 만족시킬 수 없다는 한계를 지
닌다.

오히려, 감각적 쾌락을 창조한 하나님을 추구하는 것이
옳다. 영원한 하나님을 소유하는 것이야말로 부분적 쾌락
들을 넘어서는 진정한 행복의 길이기 때문이다.

사실, 감각적 쾌락으로는 행복에 이를 수 없다는 아우구
스티누스의 성찰은 그의 삶에서 겪은 실존적 경험들에서

충분히 검증된 것이었다. 되풀이하여 말하지만, X권의 관점에서 볼 때, 아우구스티누스 자신이 육체적 쾌락 없이는 살 수 없을지 모른다는 두려움을 겪어봤던 사람이었다. 아우구스티누스는 하나님을 소유하는 것이야말로 모든 감각적 쾌락보다 더 감미로우며, 땅 위의 그 어떤 빛보다 더 밝은 빛이라는 사실을 체험한 실존적 관점에서 말하고 있는 셈이다.

이러한 뜻에서, 『고백록』은 아우구스티누스가 붙인 부제 그대로, 인간에게 기쁨을 주는 진리로서의 하나님, 인간의 의지와 영혼을 만족시키는 선으로서의 하나님을 말해주는 책이다. 인간은 감각적 쾌락을 통해 행복할 수 있는 존재가 아니라, 오직 하나님에게서만 완성될 수 있는 존재임을 말해주고 있는 셈이다. 그러나 이것은 X권의 관점에서나 결론지을 수 있는 부분이다.

IV권의 기억에서는 여전히, 아우구스티누스는 교만하며 오류에 빠져서 세상 풍조에 밀려 요동하고 있었다. 무엇보다도, 마니교에 놀아나고 있었다. 오류와 거짓들로 인해 혼란에 빠져 있었다.

에피소드로, 스무 살쯤에 아리스토텔레스의 『범주론』을 읽었던 때를 회상한다. 그 당시 실력 있는 사람들이나 읽어낼 수 있는 책이라고 정평이 나 있는 그 책을 읽었다는 교만에 빠져 있던 시절이었다. 마니교도로서, 교만에 빠져 무엇이 옳은 길인지 분별하지 못하던 시절의 자화상인 셈이다.

빛을 등지고 있었으므로 나는 그 빛에 비춰지는 것들만 볼 수 있었습니다. 빛에 의해 비춰지는 것들만 보았기 때문에, 정작 내 얼굴에는 빛이 비춰지지 않았습니다 IV.16.30.

심각한 것들이 여러 가지였지만, 무엇보다도 신관神觀이 마니교의 오류에 깊이 오염되어 있었다. 아우구스티누스는 마니교의 교리에 설득되어서 하나님을 물체적인 수준에서 상상하고 설명하는 단계에 머물고 있었다.

당시, 아우구스티누스는 하나님을 크고 빛난 물체로 생각했고 인간이란 그 물체의 한 조각쯤 되는 존재로 생각했다. X권의 관점에서, 무척이나 부끄러웠던 이 날들을 생각하면, 오직 하나님의 은혜를 구하는 것 외에는 할 일이 없다.

나는 당신을 크고 빛이 나는 물체로 생각했고 나 자신을 그 물체의 한 조각으로 생각하고 있었습니다Ⅳ.16.31.

어쨌든, 마니교 시절의 아우구스티누스에게 하나님을 향한 지식이 왜곡된 것은 심각한 문제였다. 마니교에 심취해 있는 청년기 아우구스티누스에게, 물질적 존재로서의 하나님에 대한 왜곡은 결과적으로 죄에 대한 무감각 내지는 자기합리화를 시도하는 단계로 흐르게 했다.

영적으로, 도덕적으로 심각한 오류였음이 틀림없다. 가뜩이나 성적 쾌락에 빠져 있던 아우구스티누스에게, 마니교는 과도한 성욕을 미화시켜주기에 충분했고 딱히 떠나고 싶은 마음이 생기지도 않는 상태였다.

다만, 죄에 관한 마니교의 교리는 매혹적이었고 자신의 추악함을 감춰주기에 충분했지만, 몇 가지 심각한 논리적 모순이 있다는 점을 감지하고 있었던 점은 흥미로운 대목이다. 여전히 성적 쾌락을 정당화시켜주는 마니교를 매력적으로 생각하고 있었던 탓에, 지적 호기심이 발동하기는 했지만 굳이 따져 묻고 싶지 않았던 것이 아닐까 싶은 부분이다.

그럼에도 불구하고 하나님은 아우구스티누스를 버리지 않았다. 고향에서 카르타고에 돌아온 아우구스티누스를 기다리고 있던 만남은 중요한 전환점 중 하나가 되었다. 하나님은 아우구스티누스의 인생을 이끌어가는 커리큘럼 안에 정말 중요한 두 만남을 예비해 두셨다.

그 하나는 마니교의 감독 파우스투스Faustus와의 만남을 통해 마니교를 청산할 결심을 갖게 한 것이고, 다른 하나는 교회의 감독 암브로시우스와의 만남을 통해 교회를 향하도록 이끌어준 것이었다.

가뜩이나 질문이 많은 아우구스티누스가 29세가 되었을 때, 그토록 흥청망청 뒤범벅으로 놀아나고 있던 마니교에 대해서도 꽤나 심각한 질문을 품고 있었다. 성적 쾌락은 여전히 즐기고 있었지만, 마니교의 교리에 대한 의구심이 늘어가고 있었다.

누군가에게 지적 호기심을 쏟아놓고 질문들로부터 해방

되고 싶었을 듯싶다. 마니교의 유명한 설교가이자 지식인이라고 명성이 자자했던 파우스투스가 카르타고에 방문한다는 소식이 들려온 것은 이때였다. 아우구스티누스는 잔뜩 기대를 갖고 그동안 자신이 지녀온 문제들이 그를 통해 일거에 해소될 수 있기를 바랐다.

아우구스티누스가 품고 있던 마니교에 대한 의구심은 창시자 마니케우스의 교설에 대한 근본적인 의심이었다. X권의 관점에서 돌이켜보면, 그들은 자신들의 계산만 뽐내고 그들의 연구 대상이 되는 모든 것을 만들어 낸 하나님을 알지 못하는 자들이며, 그들 계산의 바탕이 되는 정신을 만든 하나님의 지혜를 감히 헤아릴 수 없는 자들이었다.

성경을 굳이 대입하지 않더라도 아우구스티누스의 상식에 비추어 볼 때, 마니케우스의 교설은 자연철학자들의 자료에도 못 미치는 허술한 것이었다. 마니교는 마니케우스가 기록한 것을 믿으라고 강요했지만 그것은 자연철학자들이 말하는 춘분과 추분, 월식의 이유 같은 기초적인 것도 다루지 못하는 수준이었다. 하늘을 측정하고 별들을 세며 물질의 중량을 계산하면서도 진리의 원천을 모르는 자들일 뿐이었다.

어쨌든 당시로서는 이러한 의구심들을 파우스투스가 일 거에 해소해주리라 기대했을 듯싶다. 하지만, 파우스투스 와의 만남은 아우구스티누스에게 무척이나 실망스러운 것 이었다. 이 정도의 인사를 지성인이요 마니교의 지도자라 고 할 수 있을까 싶을 정도였다. 질문할 기회를 얻어 심각 한 질문들을 던지기도 했다.

아우구스티누스에게 돌아오는 파우스투스의 답은 얼버 무림 그 자체였다. 두루뭉술 대충대충 웃어대며 정곡을 찌 르는 답을 주지 못했다. 순식간이었다. 파우스투스의 명성 이 부풀려진 것임을 깨닫는 데 걸린 시간은 그리 길지 않았 다. 마니교를 더 깊이 알고 싶었지만, 아우구스티누스에게 는 오히려 마니교의 허위를 간파하는 기회였을 뿐이었다.

그를 만나 이야기해보니 말솜씨가 그럴싸하고 유머감각 도 있는 것 같았다. 하지만 그 내용은 다른 마니교 신자들 이 말한 것과 다르지 않았고 다만 말솜씨가 번지르하고 재 미있게 말하는 것만 다를 뿐이었다.

마치 말끔하게 차려입은 심부름꾼이 겉으로는 화려하지

만 속은 비어 있는 물잔을 가져다준 것이나 다름없었다. 아우구스티누스가 보기에, 마니교도들이 그의 재미있는 말솜씨를 보고 그를 지혜자라고 여긴 것임을 직감할 수 있었다.

결과적으로 이 만남은 마니교 생활을 청산하게 하는 결정적인 계기가 되었다. 파우스투스의 명성과 학식이 부풀려진 것임을 확인할 뿐이었고 크게 실망스러운 만남이었을 뿐이었다. 진리와는 동떨어진 마니교의 모습에서, 내심 진리에 대해 좌절할 것 같았지만 오히려 마니교 아닌 다른 곳에 진리가 있을 것이라는 확신이 든 것은 천만 다행스러운 일이다. 하나님께서 그를 이끌고 계셨다고 말하는 것이 훨씬 더 아우구스티누스의 관점에 적합할 듯싶다.

언제 어디서나 진리가 빛을 드러나게 하는 진리의 스승은 당신 이외에는 없다는 것을 믿고 있었습니다 v.6.10.

얼마 지나지 않아, 아우구스티누스는 로마로 떠난다. 마니교에 대한 깊은 실망에서 귀결된 왜곡의 청산, 삶의 변화, 그리고 진리를 향한 새로운 모색의 길이었다. 하지만, 제국의 수도 로마라고 해서 다를 것은 없었다.

오히려, 수강생들의 무례함과 부도덕한 관행들은 실망스럽기 짝이 없었다. 또 한 번 실망스러운 시간이었다. 그토록 진리를 찾아 헤매고 있건만, 진리의 길은 쉽게 눈에 들어오지 않았다. 따지고 보면, 굳이 아들과 동행하려던 어머니를 속여 가면서까지 감행한 로마행 역시 그에게 기쁨을 안겨주지 못했다.

오히려 로마에서 열병을 얻어 죽음의 문턱을 경험했다. 마치 향수병이라도 걸린 것처럼, 그에게 찾아온 열병은 몸의 쇠약함과 목숨의 위기를 초래한 것이었다. 마음으로 파고드는 실망감과 오랜 여정의 피로감이 더욱 힘겨운 증상으로 나타난 것일 수 있다.

감사하게도, 아들을 뒤따라 로마에 온 어머니 모니카의 기도는 아우구스티누스에게 열병을 이길 힘이 되었다. 어머니 덕에 살아났다고 회고하는 모습에서, 아우구스티누스의 로마 생활이 피곤과 병색이 완연한 것이었음을 짐작하게 해준다. 내면으로는 더욱 큰 실망감에 사로잡혀 있었다는 점에서 더욱 그렇다.

따지고 보면, 로마에서만은 아니었다. 도무지 그 어느 곳에서도 아우구스티누스는 쉴 수 없었다. 진리에 대한 만족을 주리라 기대했고 행복한 삶을 얻게 할 것이라는 선망의 대상이었던 도시들 그 어느 곳에서도 쉴 수 없었다.

타가스테에서, 마다우라에서, 그리고 카르타고에서, 쉼을 얻을 수 없었다. 열정과 격정이 그를 쉬지 못하게 했던 도시도 있었고, 실망감을 가중시킨 도시도 없지 않았다. 늘 쉬지 못한 채, 방황하는 모습이 진리를 만나기 이전의 아우구스티누스의 자화상이었다.

고향마을도 그에게는 쉼을 주지 못했다. 절친했던 친구가 요절하는 충격을 겪었을 뿐, 쉼이란 없었디. 더구나 아우구스티누스의 삶에 나타난 몇 차례의 병치레 중 하나가 새로운 곳 로마에서 치명적으로 다가왔다. 간신히 질병을 치유 받은 이후에도 여전히 내면세계는 영적 질서를 찾지 못해 쉴 수 없었다. 그때만 해도, 죄를 짓는 것은 인간 자신이 아니라 인간에게 악을 강요하는 외부의 존재라는 마니교의 셈법을 벗어나지 못했던 탓에 더욱 쉼을 얻을 수 없었다.

이내, 생각이 교만해지고 인간이 죄의 책임을 뒤집어쓸 필요가 없다는 설명법에 만족하면서 스스로 무죄하다는 생각에 놀아나고 있었다. 파우스투스에게 실망한 후, 마니교 생활을 청산할 결정적 계기를 찾고는 있었지만 여전히 그럭저럭 마니교도로 살아가고 있었던 셈이다.

그리고 죄에 대해서는 절대자에게 회개하고 용서받을 일이 아니며, 자신이 도무지 책임질 일도 아니라고 생각하며 죄짓는 데 급급했다. 이렇게, 마니교에 대해 회의하면서도 기독교의 진리를 향하여 과감하게 나아가지 못한 채, 마니교의 잔재에 안주하고 있었다.

그럭저럭 마니교지도자들과 어울려 다니며 더 나은 대안이 발견되기 전까지는 그들을 떠나기 싫어서 머뭇거리고 있었다. 그즈음, 아카데미 학파라는 철학자들을 접하게 된다. 모든 것에 회의를 품고 진리인식을 단정적으로 불가능하다고 말했던 그들이 아우구스티누스에게는 마니교보다 더 현명해 보였다. 당시의 여론도 그랬다.

하지만, 여전히 아우구스티누스는 마니교 이단에 빠져 있었다. 이전처럼 마니교를 옹호하고 싶은 생각도 사라지고 당시 로마사회에 깊숙이 파고든 그들의 교설에 대한 실망이 커지고 있었으면서도 말이다.

여전히, 마니교의 교설을 따라 악에 대해서도 일종의 실체라고 간주하였으며 추잡하고 무시무시한 물체덩어리인 줄 알고 있었다. 마니교는 악을 설명할 때 알갱이가 작은 진흙이나 가벼운 기체와 같은 존재로서 지상의 모든 것을 휩쓰는 악신이라고 했다.

그들의 주장을 따라 아우구스티누스는 창조주가 악을 지어내지는 않았을 것이라는 생각을 하면서도 마니교의 교설이 지닌 난점을 타협시켜서 선과 악을 상반되는 큰 두 덩어리로 간주하고 있었다. 참으로 혼미한 시간들이었다.

이때, 그의 마음에 새로운 빛이 들어왔다. 당시 아우구스티누스는 로마의 공무원으로 있는 마니교도들의 도움을 받아 밀라노에 수사학 교수로 파견되었다. 그곳에서, 결정적인 만남이 있었다. 주교 암브로시우스와 만나게 된다.

어머니와 함께 이럭저럭 교회에 출석하던 초기에는 명설교가로 알려진 암브로시우스의 설교를 분석하기에 바빴다. 수사학 혹은 웅변기술에 있어서 감탄스러운 수준의 설교였다. 하지만, 시간이 흐르면서, 마침내 그 설교의 내용에 감화를 받는다.

암브로시우스는 아우구스티누스에게 일찍 여읜 아버지를 대신할 지적 스승이자 영적 아버지로 다가왔다. 아우구스티누스 자신의 진솔한 느낌이었다. 밀라노에 도착해서 암브로시우스 주교를 찾아갔다. 그는 세상에서 알려진 경건의 사람이었다. 그는 아우구스티누스를 마치 아비가 자식을 대하듯 기쁘게 맞아 주었다. 그의 친절에 감탄하여 그를 존중하여 따르게 되었던 것도 중요한 변화의 계기였을 듯싶다.

이렇게 방황할 때, 어머니 모니카는 모든 위험을 무릅쓰고 바다와 육지를 넘어 아우구스티누스 곁에 따라왔다. 모니카는 아우구스티누스가 아직 진리를 찾지 못하여 큰 위험에 빠져 있는 것을 직감했다.

아우구스티누스가 모니카에게 아직 기독교 신자가 되지는 않았지만 적어도 마니교도는 아니라고 말했을 때, 뜻밖에도 기뻐하지 않는 모니카를 보면서 아우구스티누스는 오히려 놀랐다. 아들이 영적 질병에서 건강해질 것을 확신하고 있었기 때문에, 그 정도의 소식에 수선을 피울 정도로 기뻐하는 내색을 하지 않았던 것이다. 모니카의 확신은 굉장한 신념인 듯싶다.

아우구스티누스는 특히 암브로시우스의 설교를 통해 중요한 것들을 깨달을 수 있었다. 어린 시절부터 귀에 따갑게 들어왔기에 하찮은 것으로 생각하기 쉬웠던 성경의 교훈들이 무엇을 가르치고자 했던 것인지를 비로소 깨닫게 된 것이다.

그토록 오래고 지독한 방황을 통해 얻고자 했던 진리의 길을 찾은 것이기도 하다. 아우구스티누스가 교회와 성경에 대한 인식을 새롭게 하고 세례자 예비교육을 받기로 마음먹은 것이 이때였다. 아우구스티누스의 오랜 방황이 끝나고, 어머니 모니카의 아들을 위한 절절한 기도가 마침내 응답받은 것이다.

실로, 오랫동안 기대해 왔고 오랜 시간이 걸린 진리의 발견이었다. 암브로시우스가 말해주는 진리는 전혀 새로운 것이 아니라 그토록 익숙했던 성경에 있었다. 그러나 그것은 전혀 새로운 진리로 발견되었다. 무릎을 치며 탄성을 지르는 순간이었다기보다 그토록 내면에 꽁꽁 감추어두었던 울음이 왈칵 터져 나온 것 같은 뭉클함의 장면이었을 듯싶다.

그것은 단순한 지성적인 순간의 깨달음이 아니라, 내면 깊숙이 담겨 있던 의구심이 해소되는 해방의 느낌이었다. 너무 익숙하게 들어왔고 어머니의 잔소리처럼 들리던 교회와 성경이 진실로 진리의 샘이라는 사실을 마침내 온 영혼을 다해 받아들이게 된 것이다.

이 감격스러운 장면을 지극히 기뻐한 사람이 있었다. 어머니 모니카의 기쁨은 더할 나위 없는 것이었다. 아들의 변화를 보면서, 모니카는 마음을 다하는 신앙인의 모습을 보여준다. 아우구스티누스에게서 어머니의 모습은 실로 감동적이었다.

그토록 오랜 기간 기도해왔고 눈물을 머금고 기대해왔던 어머니를 생각하면, 아우구스티누스의 죄송한 마음은 무엇으로도 표현할 수 없었을 것이다. 아들의 출세도 번영도 중요했겠지만, 무엇보다도 아들의 회심을 간절히 소망해왔다는 점에서 진정한 기도의 모범이 무엇인지를 짐작하게 해준다.

한 가지, 아우구스티누스가 기억하는 어머니에 대한 회상에서도 중요한 교훈이 드러난다. 관습적으로 이어져 온 것이기에, 모니카는 지극정성으로 순교자 기념관에 음식물을 바쳤지만, 이러한 행동이 낡은 신앙의 관습인 것은 분명했다.

여기에서 놀라운 것은 모니카의 결단이다. 암브로시우스가 모니카의 낡은 신앙 관습을 버리라고 권면했을 때 그 즉시 순종한 것이다. 진리를 향한 결단의 중요성을 분명하게 보여준 셈이다. 이 모습을 보면서, 아우구스티누스는 자신의 우유부단함에 부끄러움을 느낀다. 그의 고민은 깊어지고 있었다. 비록 세례를 받기로 미음은 먹었지만, 정작 실행에 옮기는 데에는 주저하고 있었기 때문이다.

신학적으로, 아우구스티누스가 성경의 문자와 그 뜻 사이의 신비한 관계를 깨닫기까지, 아직 갈 길이 남아 있었다. 겨우 찾은 진리의 길에서 빗나갈 위험도 있었다. 해석에 관한 오해가 생겨날 수 있다는 점에서 말이다. 이 과정에서 암브로시우스의 역할은 아우구스티누스를 변화시키는 데 중요한 계기로 작용했다.

현대적 의미의 신학에서 암브로시우스의 영향을 받은 아우구스티누스의 성경관을 두고 왈가왈부하는 것은 적절해 보이지 않는다. 성경에 대한 암브로시우스와 아우구스티누스의 '알레고리' 해석이 오늘날에는 타당성을 인정받지 못하는 것은 분명하지만, 아우구스티누스가 성경의 권위를 인식하게 되었다는 것 자체가 중요하다는 뜻이다.

어찌 보면, 아우구스티누스는 어려서부터 들어온 교회와 성경에 대해 확신이 없었기에 마니교에 심취하는 오류를 범하기도 했지만, 마음속으로 다른 측면을 가지고 있었다. 어떤 때는 강하게, 어떤 때는 약하게, 하나님이 존재하신다는 것과 아우구스티누스를 돌보신다는 것은 늘 믿고 있었던 차에, 마침내 그것을 확신하여 내면의 진리로 수용하게 된 셈이다.

무엇보다도, 이제까지 그토록 불합리하게 보였던 구약성서의 율법과 예언서를 새로운 눈으로 읽게 되었다. 암브로시우스가 "의문은 죽이는 것이요 영은 살리는 것임이니라" 하는 성서해석의 기준을 설교했을 때, 아우구스티누스는 이것을 기쁜 마음으로 받아들였다. 글자 그대로 보면 불합리한 것 같지만, 비유적 해석을 통해 그 뜻이 드러난다는 사실에 지적 희열을 느끼는 중이었다.

이 시기의 아우구스티누스는 진리를 향하여 나아가고 있었지만 아직까지는 일곱에 셋을 합하면 열이 되는 것처럼 분명하게 맞아 떨어지는 확실성을 찾아다니고 있었던 것이라 하겠다. 아마도 그때 신앙을 갖기만 했다면 그는 바로 치료될 수 있었을지 모른다. 그 믿음으로 그의 영혼의 눈이 밝아져 하나님의 진리를 볼 수 있었을 것이다.

그러나 아직은 믿음이라는 약을 준비한 하나님의 치료의 손길을 거절하고 있었다. 다행스러운 것은, 아우구스티누스가 기독교신앙에 많이 근접해가고 있었다는 사실이다.

문제는, 진리의 길을 찾기는 했지만 아우구스티누스의 삶이 여전히 돈과 명예와 결혼으로 상징되는 세상적 가치에 매몰되어 있었다는 점이다. 하나님 안에서 세상을 바라볼 참된 세계관과 윤리에 이르기까지는 아직 몇 가지 과정이 남아 있었다.

윤리적으로, 그의 가치관은 여전히 명예를 추구하는 것

이었고 진정한 변화에 이르지 못하고 있었다. 특히 지식에 있어서, 우월감이 컸던 모양이다. 학식을 뽐내며 사람들에게 즐거움만 주려고 설쳐댔었던 모습들을 회상하면서 부끄러운 일이었다고 말하는 것을 보면 말이다. 아우구스티누스가 말한 것처럼,

정말, 인간이 어디에서 기쁨을 찾느냐에 따라 큰 차이가 생깁니다 VI.6.10.

진리의 길을 찾아내기는 했지만, 결단하지 못하고 있었던 것이다. 진리의 길에 들어서서 그 진리를 삶의 중심에 두기로 결단하는 것은 요원한 일이었다. 진리의 빛줄기를 발견하기는 했지만, 여전히 육체적 쾌락과 현세적인 일들이 주는 기쁨 또한 단숨에 잘라내기 어려운 정황이었다. 아우구스티누스의 우유부단함은 정도가 심했다. 진리를 통한 행복과 쉼의 길을 찾아내기는 했지만, 정작 그 길에 들어서기란 결코 쉽지 않았던 셈이다.

혹시 습관 때문은 아닐까?『고백록』VI권에 불쑥 습관의

문제가 튀어나온 것은 이러한 심경의 피력인 동시에 습관에 대한 윤리적 성찰에 해당한다. 아우구스티누스와 밀라노까지 동행한 알리피우스_{Alypius}와 네브리디우스_{Nebridius}가 등장하는 이유는 습관의 문제를 집중적으로 다루기 위한 예화였다.

알리피우스에게 검투사 경기관람은 심각한 문제였다. 극도의 흥분상태를 보일 정도로 습관화되고 탐닉하던 중 오랜 시간이 지난 후에야 비로소 하나님의 은혜로 그 습관을 끊어낼 수 있었다.

다른 습관도 있었다. 알리피우스가 암기학습의 효과를 높이기 위해 광장에서 암기하곤 했던 습관 때문에, 광장에서 살인범으로 오해를 받아 체포되었다가 그의 습관을 알고 있는 어느 건축사의 도움으로 누명을 벗게 된 일 등은 습관의 부정적 측면을 일깨워주는 예화들이다.

이와는 정반대로, 습관의 긍정적 측면을 보여주는 예도 있다. 공무원이었던 알리피우스가 평소의 정직한 습관을 바탕으로 뇌물을 물리친 일은 습관의 긍정적 측면을 보여준다. 그런가 하면, 아우구스티누스의 다른 동료 네브리디

우스가 항상 진리와 행복에 대한 고민을 가지고 살아왔다
는 것을 기억한다.

마침내 고향과 상속재산을 뒤로하고 진리탐구의 길에 들
어서서 밀라노에까지 아우구스티누스와 동행한 알리피우
스의 모습은 진리를 위한 선한 습관의 모습을 보여준다.

말하자면, 습관에는 양면성이 있다. 아리스토텔레스를
비롯한 고대철학자들이 습관을 덕의 형성에 긍정적인 기
여를 한다고 보았지만, 이는 습관의 한 면만 부각시키고 있
었다. 문제는 습관의 다른 측면에 있었다. 악한 행위가 습
관화되면, 그것은 악을 고착화시키는 것인 동시에 선을 추
구하는 길에 강력한 장애가 되고 말 것이다. 뒤집어 말하자
면, 악을 버리고 선을 습관화하는 것은 노력이 필요하다는
뜻이 되겠다.

물론, 아우구스티누스는 습관에 대한 부정적 혹은 소극
적 관점을 더 강하게 지닌다. 아마도 이제껏 살아온 삶이
악의 습관으로 인해 선의 추구에서 우유부단함으로 나타나
는 모습을 보면서 스스로 안타까웠을 것이다.

특히 성적 욕구의 문제는 가장 심각한 것이었다. 리비도

의 문제, 즉 성적 욕망의 문제는 아우구스티누스 스스로 너무도 잘 알고 있는 악행이자 습관의 심각한 폐단이었다. 아우구스티누스는 이미 열아홉 살 때 처음으로 지혜에 대한 사랑을 가졌고 지혜를 얻기만 하면 헛된 욕망과 거짓된 욕심을 버리기로 결심했지만, 서른이 되어 가는데도 여전히 지독하게도 쾌락을 즐기며 진흙탕에 깊이 빠져 있는 자신의 모습이 한심하기도 했을 법하다.

아우구스티누스의 독백 부분은 옛 습관에 젖어 사는 자신의 모습을 부끄럽게 여기면서 스스로를 변명하는 궁색함에 대한 고백이라 할 수 있겠다. 인생은 비참하고, 언제 죽음이 닥칠지 알 수 없다. 갑자기 죽게 되면 과연 나는 어떤 상태에서 세상을 떠나게 될까? 나태하여 세상에서 배우지 못했던 것들은 어디서 배워야 하는 것일까? 세상에서 나태하게 살았다고 벌을 받지는 않을까?

왜 나는 세상의 희망을 딱 끊고 내 자신을 하나님께 온전히 바쳐 행복한 삶을 추구하기를 주저하고 있는 것일까? 잠깐만 기다려보자. 이 세상 것들도 우리를 즐겁게 해준다. 그것들도 나름대로 매력이 있기 때문에 소홀히 여기면 곤란하다. 그것들을 쉽게 버려서는 안 되는 이유가 여기 있다. 게다가 그것을 버렸다고 해 놓고 나중에 다시 찾게 된다면, 이처럼 수치스러운 일이 또 있을까?

본래, '변명'이라는 것 자체가 그렇기는 하지만, 궁색하기 짝이 없는 모습이 아우구스티누스에게 나타난다. 진리를 향하여 결단하지 못하는 자신의 우유부단함을 정당화하려는 모습은 궁색함을 넘어 안쓰러울 정도이다.

아우구스티누스를 읽는 독자들 우리 자신도 다르지 않을 듯싶다. 시간만 흐르고 진리를 향한 결단이 미루어지고 있는 과정에서 머뭇거리는 아우구스티누스의 모습은 다름 아닌 우리 이야기일 수 있다는 뜻이다.

결혼에 대해서도 옛 가치관 그대로였다. 성욕 문제라고 하지 않고 굳이 결혼이라고 하는 데에는 이유가 있다. 성적 쾌락에 탐닉하고 있던 아우구스티누스의 모습은 스스로 보기에도 비참할 정도였다.

어머니 모니카까지 합세하여, 동거녀와 억지로 이별하는 장면은 마음 아픈 부분이다. 손자까지 낳은 사람을 아들의 부인이자 자신의 며느리로 받아들이지 못하는 모니카의 고집스러운 모습에서는 또 다른 안타까움마저 느껴질 정도이다.

전혀 이해가 안 되는 것은 아니다. 어머니 모니카는 합법적인 결혼을 하면 옛 생활을 청산하게 되리라 기대했을지도 모른다. 하지만, 여기까지였으면 좋았을 뻔했다. 로마의 문화 안에서 합법적 결혼을 통해 신분을 상승시키려는 욕구까지 편승하고 있었다는 점은 안타까운 대목이다.

아들의 영적 회심을 그토록 간절히 기다려 왔건만, 인제 와서는 기왕이면 현세적으로도 좋은 일이 있기를 바라는 마음이 담겨 있는 것 같아서 말이다. 모니카 역시 한낱 사람일 뿐이었음을 놓쳐서는 안 될 것 같다.

어쨌든 로마의 관습을 따라, 약혼이 진행되었다. 평균 정혼연령 12세에서 두 살 어린 로마 소녀와의 약혼이었던 탓에 2년을 기다려야 했다. 지독한 성욕의 노예였던 아우구스티누스에게는 무척이나 힘겨운 시간이었을 것이다. 마침내 그 기간을 참지 못하여 또 다른 여인을 만나고 말았다. 결혼 이야기가 없는 것으로 보아, 정혼은 깨지고 말았던 것 같다.

동거하던 여인이 아우구스티누스의 결혼에 방해가 될 것이라며, 다시는 남자를 만나지 않겠다고 맹세하고 자기가 낳은 아들을 그에게 남겨 두고 아프리카로 돌아갔던 모습을 회상하면서, 아우구스티누스는 그 당시, 이 여자의 결단도 본받지 못할 정도로 형편없이 나약했던 모습에 부끄러워한다.

또한 약혼녀를 맞아들일 2년이 너무 지루해 참을 수 없어서 또 다시 다른 여자를 얻었던 일을 두고 결혼에 목매여서가 아니라 정욕을 참을 수 없었기 때문이라고 솔직하게 고백한다. 결혼하기 전까지 육체의 정욕을 위한 방편으로 생각했지만, 영혼의 고질병은 깊어만 갔다. 이별에서 받은 상처가 치유된 것도 아니었고 더욱 절망스러워질 뿐이었다.

아우구스티누스에게서 우리는 성욕의 집요함과 악한 습관의 심각성을 뼈저리게 느낀다. 아우구스티누스도 자신의 이러한 모습에 크게 절망하면서 하나님의 은혜를 간구하고 있는 것을 보면, 자신의 힘으로는 절제되지 않는 성욕에 대한 고심이 무척이나 깊었던 듯싶다. 그로 인해 죽음과 심판에 대한 두려움이 커졌고, 깊은 탄식이 터져 나왔다.

아, 너무도 어긋나 버렸구나! 당신을 떠나면 더 좋은 것을 찾을 수 있으리라 기대했던 교만하기 짝이 없는 내 영혼은 벌을 받아야 마땅하리라VI.16.26.

마침내 31세 때, 아우구스티누스에게 중요한 변화가 생겼다. 일반적으로, 아우구스티누스의 회심을 두고 지적 회심과 영적 회심의 두 단계로 구분한다. 첫째 회심에 이른 것이다. 지적 회심이란 하나님과 기독교에 대한 마니교의 오류로부터 벗어나 진리에 이르렀다는 것을 두고 하는 말이다.

이것을 다른 말로는 교리상의 회심이라고 부를 수 있다. 이때의 자신을 회상하면서, 아우구스티누스는 '너무 늦게' 하나님의 본성에 대한 새로운 이해에 도달했다는 부끄러움을 고백한다.

지적 회심의 주된 내용은 마니교의 오류를 비판하고 자유의지와 악의 문제에 대한 바람직한 해법을 찾게 된 것이었다. 인간에게 '의지'가 있고 그 본성은 자유에 있다는 사실을 명증적으로 확신하게 된 것도 이 과정에서였다.

　죄란 악신의 강요로 '발생하는 것'이 아니라, 인간 스스로 의지의 자유를 남용함으로써 '저지르는 것'이라는 사실, 바로 이 진리를 깨닫기까지 오랜 시간이 걸렸다. 이제야, 혹은 너무 늦게, 확신하게 된 진리는 내 죄의 원인이 나 자신에게 있다는 것이었다.

　아우구스티누스의 일생을 지배해온 문제, 즉 '악이란 어디에서 오는 것인가?'에 대한 바른 답을 마침내 기독교 내러티브에서 찾아낸 셈이다. 마니교에서 말하는 것처럼 악신의 강요가 아니라, 문제 삼아야 할 대상은 인간 자신이요 의지의 자유를 남용한 데 있었다.

　이에 따른 논리적 귀결 또한 의미가 있다. 간접적으로라도 하나님을 죄 문제에 연루시키려는 모든 시도를 차단할 수 있게 된 것이다. 마니교의 오류와는 정반대로, 하나님은 선한 분이요 악의 원인이 아니라고 말하는 동시에, 오히려 하나님은 최고선이다.

　'간접적'이라는 표현을 쓰는 것에도 의미가 담겨 있다. 인간의 타락이 악신의 강요에 의한 것이 아니라 인간 스스로의 문제, 즉 의지의 자유를 남용한 것이라고 설명하자면,

인간을 지을 때 의지의 자유를 주신 하나님에게도 책임이 있다는 논리에 대한 반론을 염두에 둔 것이다.

간접적으로라도 하나님을 죄에 연루시키려는 모든 시도를 극복함으로써, 지적 회심은 극치를 이룬다. 아우구스티누스를 기억해야 할 대목이 이 부분에서도 드러난다. 죄란 누군가의 강요에 즉 마니교가 말하는 악신의 강요에 의한 것이 아니라, 인간 스스로 짓는 것이기 때문이다.

따지고 보면, 아우구스티누스가 이제까지 풀어내지 못했던 모든 문제에 대한 해답은 멀리 있지 않았다. 뭔가 새로운 것에서 찾을 수 있는 것도 아니었다. 마니교의 그럴싸한 논변은 오류에 가득 찬 것이었다. 아우구스티누스의 모색에 대한 가장 바른 답은 어머니가 그도록 권하던 길, 즉 기독교 안에 있었다. 새로운 것, 남의 것이 좋아 보이는 우리들 현대인의 마음을 향한 교훈이 여기에 담겨 있는 것만 같다.

아우구스티누스가 죄와 악에 대한 방황으로부터 돌이켜 기독교의 죄와 은혜의 내러티브를 발견하는 순간, 그리고 그 사실을 진리로 받아들이는 순간, 모든 것이 해소되었다.

그는 스스로 질문하고 있었다. 진리란 유한한 공간이나 무한한 공간에 펼쳐진 것이 아니라면, 존재하지 않는 것이라는 뜻인가? 그때 깨달은 것은 "나는 스스로 있는 자니라" 하는 성경구절이었다. 이 말씀이 가슴에 와 닿았을 때, 모든 의심이 사라졌다.

마음속에 고민하면서 이 문제를 고심하다가 진리를 발견하기도 전에 죽게 되는 것은 아닐까 싶을 정도로 몹시 불안했던 절체절명의 문제가 해결된 셈이다. 중요한 것은 이 모든 과정을 회고해 볼 때, X권의 관점에서 아우구스티누스는 '은혜에 의한 치유'라는 사실을 힘주어 말한다.

어루만져주시는 당신의 손길로 인해 내 부어오른 상처는 가라앉게 되었고, 병들어서 어두워졌던 내 영혼의 눈은 통증과 슬픔 속에 치유하시는 당신의 안약을 힘입어 점점 더 밝아지게 되었습니다 VII.8.12.

한때 그토록 심취했던 점성술에서도 벗어난다. 점성술은 마니교 시절에 가지고 있던 잘못된 신관과 잘못된 세계관에 결탁된 오류였다. 그동안 들어왔던 이야기, 특히 점성술에 호기심이 많았던 피르미누스의 여러 현실적인 현상들을 증거로 삼은 이야기들이 결국은 지어낸 것이요 허위에 불과하다는 사실을 깨달은 것이다. 정말 중요한 전환점이었다.

예를 들어 생각해 보자. 점성술대로 한다고 해도, 결국 쌍둥이의 운명이 서로 다르지 않은가! 점성술의 오류에서 깨어나면 별들의 세계 즉 우주의 모든 것까지도 하나님의 통치영역이라는 점을 확신할 수 있다. 점성술의 쇠사슬에서 풀려난 후, 하나님의 존재와 영원불변의 특성을 알고 심판주가 되신다는 것을 믿는 신앙이 깊어지기 시작했다.

눈여겨볼 부분은 플라톤 철학으로부터 성경의 진리를 향하여 아우구스티누스의 관점이 전환되는 대목이다. 어찌보면, 아우구스티누스와 플라톤 철학은 변증법적 관계로 설명할 수 있다. 마니교의 물질주의적 세계관에 놀아났던 아우구스티누스에게, 영적 세계에 대한 안목을 갖게 한 것은 플라톤 철학이었다. 아주 중요한 기여인 셈이다.

하지만, 플라톤 철학은 성경의 내러티브와 다른 것임을

깨달은 이후에 아우구스티누스는 성경에 주목하게 되고 기독교의 진리를 확신하게 된다. 플라톤을 넘어선 것이다. 그래서 플라톤 철학과는 변증법적 관계인 셈이다.

그럼에도 불구하고, 플라톤 철학과의 만남은 아우구스티누스에게 중요한 전환점이었다. 플라톤 철학의 책을 읽은 이후 중요한 변화가 생긴 것을 보면, 이러한 전환의 중요성은 아무리 강조해도 지나치지 않다. 아우구스티누스는 플라톤의 책을 읽으면서 '안으로' 들어가라는 권고를 받았고, 무엇보다도 하나님의 은혜가 더하여져서 마침내 영혼 '안으로 깊이' 들어갈 수 있었다.

영혼 안으로 들어가는 순간, 비록 내 영혼의 눈은 희미했지만, 내 영혼의 눈보다 더 높은 곳에, 내 영혼 위에 불변하는 빛이 빛나고 있음을 볼 수 있었습니다 Ⅶ.10.16.

전체적으로, 플라톤 철학에 대한 아우구스티누스의 평가는 양면적이다. 긍정적 단계가 있고 부정적 단계가 있다고 해야 할 것 같다. 혹은 수용과 극복의 변증법이라고 해도 좋겠다. 플라톤의 철학이 성경의 내용을 다른 표현으로 소개한 것이라고 생각했을 정도로 긍정적인 수용의 단계가 있었다. 인간의 내면성에 대한 관심을 깊게 할 수 있었고, 존재하는 모든 것은 선하다는 진리를 깨달은 것은 플라톤 철학의 공헌이다.

무엇보다도, 악에 대한 인식을 새롭게 할 수 있었다. 선한 존재인 하나님이 창조한 모든 것은 그것들이 존재하는 한, 선한 것이며 창조된 모든 것의 총화는 심히 좋다. 그렇다면, 악이란 하나님의 피조물일 수 없으며, 실체라고 말할 수 없다.

존재하는 모든 것은 선합니다. 이제껏 그 근원을 궁금해 했던 악이란, 실재가 아니었습니다 Ⅶ.12.18.

말하자면, 악이란 선한 하나님의 창조물이 아니라 인간이 저지른 것이라고 해야 한다. 그동안 악이란 무엇인지 알고 싶었던 문제의 정답이 드디어 나왔다. 악이란 실체가 아니라 의지의 왜곡 또는 최고의 실체인 하나님에게서 방향을 돌림으로써 자신의 내면에 담긴 보배를 버리고 저급한 것들을 향하는 것이며, 팽팽하게 부풀어 오른 교만의 상태라는 것을 마침내 바르게 인식했다.

여기까지가 끝이 아니다. '악은 어디에서 오는가?' 하는 악의 유래에 대한 질문이 인간의 문제, 즉 의지의 왜곡에 따른 것임이 드러났다면, 이제 남은 문제 혹은 정작 질문해야 할 것은 악의 유래가 아닌 악의 해법에 관한 것이다.

이 대목에서, 플라톤 철학은 한계가 있었다. 플라톤의 책에는 경건의 고백, 참회의 눈물, 그리스도의 희생, 괴로워하는 죄책감, 상하고 통회하는 마음, 겸손, 성령의 보증, 구원의 잔이 없었다. 성경의 내러티브를 통해 플라톤 철학을 극복하는 단계로 나아가는 셈이다.

이 과정에서, 아우구스티누스의 추론은 한 단계씩 깊어졌다. 플라톤의 방법을 사용하면서도 그 이상의 영역을 향하고 있었다. 물체에서부터 육체의 감각 혼으로, 거기에서 육체의 감각을 통해 판단을 내리는 내적 지각에 다다랐다.

이러한 영혼의 지각능력도 변한다는 것을 발견한 후, 지성 자체에까지 올라갔다. 거기에서 변하는 것보다 불변하는 것이 우월하다는 판단을 내리게 하는 빛이 무엇인지 알고 싶었다. 마침내 불변하는 존재 자체가 있음을 깨닫게 된다.

아쉬운 것은, 그 진리를 항상 바라보고 있을 수 없었던 점이다. 영원한 진리 자체를 누리고자 했으나 거기에 알맞은 힘을 얻지 못했던 셈이다. 마침내, 하나님과 인간의 중보자인 예수 그리스도를 받들어 모셨을 때 비로소 그 길을 찾을 수 있었다. 스스로 길이요 진리요 생명이라 하신 그분은 인간의 교만을 고치고 사랑을 길러 준다는 것을 깨달았다.

이후, 아우구스티누스는 마침내 문제의 핵심을 발견했다. 인간은 영원한 하나님을 사랑하는 존재로 살아야 마땅하지만, 육체의 정욕에 짓눌려 죄를 짓기에 능숙할 뿐이다. 이제껏 살아온 날들에 대한 고백이 그것을 보여주고 있지 않은가! 게다가, 지적 회심은 이미 이루었지만, 여전히 하나님에게서 떨어져 나와 애통하면서 열등한 것들을 향하고 있지 않은가!

전혀 새로운 고민이 시작되었다. 죄짓는 인간의 문제를

극복하기 위한 고민이었다. 악의 유래에 대한 질문에서 악의 해법에 대한 질문으로 전환된 셈이다. 아우구스티누스가 플라톤의 책에서 성경으로 그 관심을 전환했을 때, 비로소 찾아낸 답은 이것이다. 하나님과 인간의 중보자인 예수 그리스도를 만나야 한다는 것이다. 이는 지적 회심의 본질과 핵심이 무엇인지를 가장 분명하게 보여준다.

지적 회심을 바탕으로, 아우구스티누스가 추구해야 할 과제가 남아 있는 셈이다. 특히 성적 쾌락을 중심으로 아우구스티누스를 옭아매고 있는 유혹들, 아니 아우구스티누스 자신이 즐기고 놓아주지 않는 것이라고 말해야 할 성적 쾌락과 그에 따른 삶의 습관들로부터 벗어나는 것은 지적 회심 이후의 아우구스티누스가 추구해야 할 절체절명의 과제였다.

결코 쉽지 않은 일이겠지만, 반드시 극복해야 할 과제인 동시에 지적 회심에 마땅히 뒤따라야 할 실천이었다. 지독하고도 집요한 성적 쾌락과 유혹들로부터 과연 아우구스티누스는 변할 수 있을 것인가? 아우구스티누스가 읽고 감명을 받아 Ⅶ권 마지막에 기록한 바울서신의 성구는 매우 큰 상징성을 지닌다.

누가 이 사망의 몸에서 구해 줄 수 있습니까?롬7:24 예수 그리
스도로 말미암은 당신의 은혜밖에는 없습니다VII.21.27.

2) 마침내 찾은 길

(1) 주께서 돌이키게 하셨나이다 (VIII권)

지적 회심을 바탕으로, 아우구스티누스는 영적 회심을
향하여 나아간다. 영적 회심을 윤리적 회심이라고 부르기
도 한다. 지적 회심이란 진리의 발견을 말한다. 혹은 마니
교의 오류에서부터 돌이켜 기독교가 제시하는 진리의 길을
발견했다는 뜻이다. 이것을 바탕으로 삼아 삶의 변화가 이
루어져야 했지만, 아직은 아니었다.

아우구스티누스에게서 그 과정은 결코 쉽지 않았다. 삶
의 문제들은 여전히 해결되지 못한 그대로였으며, 아우구
스티누스의 표현대로 옛 습관의 누룩으로 더욱 부풀어 올
랐다. 아직은 '좁은 문'으로 들어가고 싶지 않았던 탓이다.

고민 끝에, 아우구스티누스는 평소부터 의지하고 신뢰하던 스승 심플리키아누스를 찾아간다. '멘토'라는 단어가 유행처럼 쓰이고 있는 시대이기는 하지만, 현대인이 인식하는 멘토의 개념은 신뢰와 존중을 근간으로 하는 스승 혹은 안내자의 개념과는 거리가 있어 보인다. 전문가 혹은 컨설턴트에 가까운 개념이 멘토의 자리를 대신하고 있다는 점은 무척이나 아쉬운 대목이다. 신뢰할 만한 멘토 자체가 무척이나 드물고 마음을 다하는 멘토보다는 실용적 가이드를 찾기에 급급한 우리의 안타까운 자화상이 아닐까 싶다.

어쨌든, 로마의 유명한 수사학자였다가 기독교로 회심한 빅토리누스의 신앙에 관한 이야기를 전해들은 것이 심플리키아누스를 만났을 그때였다. 당시로서는, 기독교인이 되겠다는 신앙고백을 개인적으로 해도 문제되지 않았지만, 공개적으로 기독교 신앙인으로 살겠다고 고백하는 과정도 있었다. 하지만 이것은 큰 용기를 필요로 하는 일이었다.

하지만, 개인적으로도, 공개적으로도 신앙고백을 못하고 있던 아우구스티누스에게, 그 유명한 빅토리누스가 자신의 모든 체면을 내려놓고 회중 앞에서 공개적으로 신앙을 고백함으로써 교회에 큰 기쁨을 주었다는 소식은 충격이었다.

심플리키아누스에게서 위안을 얻으려 했지만, 현실에 타협하기보다 과감한 결단을 요구하는 멘토의 지적에 아우구스티누스의 고민이 커졌다. 우유부단하여 결단을 내리지 못하고 있는 자신의 모습이 부끄럽기도 하고 심지어는 조바심을 느끼고 있었다.

이런저런 회심의 이야기를 들을수록 아우구스티누스는 더 부끄러워졌다. 일찍이 열아홉 살 때 키케로의 『호르텐시우스』를 읽고 지혜에 대한 열정으로 불타오른 뒤로 벌써 십이 년이라는 세월이 흘렀지만, 여전히 세상의 낙에 빠져 지혜를 탐구하는 데 게으름을 부리고 있는 자신의 모습이 부끄러웠다.

진리의 발견은 고사하고 육체의 쾌락에 젖어 살아왔지 않은가? 청년기에 접어들어 절제를 간구하던 시절에도, 기껏해야 절제의 능력을 주시되 지금은 아니라는 식으로 어리석게 살지 않았는가? 그는 정욕을 절제하기보다는 채워야 하겠다는 마음으로 정욕이라는 병에서 너무 빨리 치유될까 싶어 두려워하고 있었다.

　그 결과, 성욕을 정당화시켜주기에 딱 좋은 신성모독의 미신을 쫓아 사악한 길을 헤매고 다녔다. 아우구스티누스는 스스로를 성찰해보았다. 왜? 과감하게 고백하지 못한 채 여전히 옛 모습대로 살고 있는 것일까? 결단을 내리지 못한 채 옛것의 노예상태 그대로 있다는 것이 한심했다. 그때 깨달은 것이 있다. 자신의 의지가 노예 혹은 죄수 신세를 면치 못하고 있는 스스로의 모습을 발견한 것이다.

　더구나, 다른 누구의 쇠사슬에 의한 것이 아니라, 내 스스로 만들어낸 즉 의지의 자유로 인해 만들어낸 쇠사슬에 묶여 있었다는 것이 부끄러웠다. 돌이켜보면, 왜곡된 의지에서 욕심이 생겼고 욕심을 반복함으로써 습관화되어 끊어내지 못하고 있는 자신의 모습이야말로 가장 불쌍한 것 아니었을까?

　좀 더 사실적으로 표현하자면, 습관이라는 이름으로 옥죄고 있는 쇠사슬은 의지의 자유를 남용한 탓이지만, 그것은 육체와 영혼의 싸움이라고 말하기에는 더욱 큰 심각성을 지닌 문제였다. 의지와 의지의 싸움이다.

　새로운 삶을 향하여 나아가고자 하는 의지도 내 것이고,

여전히 옛 습관에 매여 현상유지하며 살고자 하는 의지도 내 것이라는 점이 문제의 핵심이었다. 진정한 기쁨인 하나님을 이제 막 향유하며 섬기리라 마음먹기 시작한 새로운 의지는 오랫동안 자리 잡아온 옛 의지를 다스릴 힘이 아직은 없었다. 아우구스티누스의 영혼은 산산조각이 난 상태와도 같았다.

여기에서 아우구스티누스가 습관이 중요성을 말하는 것은 고대철학의 관점들과 비교해볼 만한 요소들을 가지고 있기 때문이다. 습관이란 특정한 방식으로 의지에 의존하는 일상화된 행위라는 점에서, 또한 쉽지는 않겠지만 의지에 의해 제거될 수 있는 행위라는 사실을 아우구스티누스는 강조하고 싶었다.

일반적으로, 습관이란 선한 행위(덕)에 해당할 수도 있고 악한 행위(악덕)에도 해당할 수 있다. 『고백록』에서는 정욕과 관계된 것이요 무척이나 끈질긴 것이라는 점에서, 악한 행위를 지칭하는 것으로 볼 수 있다.

잘 알려진 문구에서, 아우구스티누스는 불경건한 습관에 사로잡혀 있던 자신의 모습을 습관의 문제와 연계시킨다.

줄줄이 연결되게 만들어진 쇠사슬이 결국은 마침내 의지를
노예화하고 말았다는 것이다.

다른 누구의 쇠사슬에 의한 것이 아니라, 내 의지의 쇠사슬
에 묶여 있었습니다. 마귀가 내 의지를 지배하여 의지로부터
쇠사슬을 만들고 그 쇠사슬로 나를 묶어 놓았습니다. 왜곡된
의지에서 욕심이 생겼고 욕심을 반복함으로써 습관화되고
그것을 끊어내지 못한 결과 필연적인 것이 되고 말았던 셈입
니다VII.5.10.

아우구스티누스는 이러한 머뭇거림과 의지의 분열, 그
리고 그토록 악덕에서 벗어나고 싶어 하던 죄를 끊지 못하
고 이어가는 와중에서 자기합리화를 시도하고 있었다. 과
거의 삶을 청산하고 하나님에게 헌신하기로 결단하던 때에
도 여전히 탐욕의 습관을 되풀이하고 있었던 것이다. 이처
럼, 정욕이라는 것은 그 자체로 일종의 심리적 경향성을 가
진 습관이기에 그 폭력적 성향을 하루아침에 제거할 수 있
으리라 기대하기는 어렵다.

아우구스티누스는 이러한 경향성을 자신이 과거에 지었던 사악한 습관들에 대해 하나님께서 주시는 징벌로 받아들이면서 그 경향성들에 맞서 싸우기는 했지만, 여전히 죄를 짓고 있었다.

『고백록』을 쓰던 당시에도 이러한 유혹들은 여전히 남아 있었다. 하지만, 비록 이러한 유혹들이 잠을 자는 동안 때때로 위장된 동의를 얻어낸 듯 넘실거리기는 했지만 아우구스티누스 자신은 그 유혹에 휘둘리지 않으려 애를 썼다는 것이 중요하다.

영적 혹은 윤리적 회심 직전에는 심각한 내적 갈등에 휘말리고 있었다. 떼어내기 어려운 옛 생활에 묶여 있었고, 여전히 땅에 매여 있었다. 아우구스티누스 자신의 표현처럼, 하나님의 선한 병사가 되기 싫었다.

진리인 하나님에게 나아가는 길을 가로막아서는 여러 장애요소를 두려워하며 극복하려 했어야 마땅하다. 하지만, 오히려 그 장애요소들을 즐기며 그 쾌락에서 벗어나는 것을 두려워하고 있었다. 잠에서 깨어나기 힘겨워하는 사람의 경우처럼, 현세적인 죄와 쾌락의 짐에 짓눌려 일어나지 못하고 있는 상태였다. 마치 잠을 이기지 못해 깨어나지 못하고 결국은 다시 잠들어 버린 사람처럼 말이다.

하지만 나는 그 진리를 확신하면서도 "조금 더, 조금만 더, 좀 더 자도록 놔두소서" 하며 말할 뿐이었습니다 Ⅷ.5.12.

무척이나 다행스럽게도 아우구스티누스에게는 건설적인 갈등이었다. 영적 나태함에 대한 심각한 고민이 하나님을 향한 영적 회심으로 나아가게 하는 동기가 되었다는 점에서 말이다. 결단을 통해 옛 삶을 청산하고 그리스도에게 나아간 사람들의 이야기들이 들려왔고, 아우구스티누스의 조바심은 더욱 커졌다.

황제의 수행원이었던 폰티키아누스는 동료들과 함께 황제를 수행하던 중 일어난 놀라운 영적 결단의 이야기를 전해 주었다. 그의 동료들이 황제의 경기장 관람시간을 이용하여 산책을 하던 중 이집트의 수도사 안토니우스에 관한 글을 읽고 영적 삶을 위해 헌신하기로 결단했다는 이야기였다.

아우구스티누스는 부끄러워졌다. 폰티키아누스가 전해준 이야기는 중요한 도전이었던 셈이다. 지성인을 자처하는 자신이 정작 영적 진리를 위한 결단을 미루고 우유부단한 모습을 지니고 있음이 수치스러웠다. 더 이상 미루어서는 안 된다고 자책도 한다. 하지만, 여전히 떨쳐내기 어려운 문제였다. 무엇보다도, 성욕과 성적 절제의 문제의 뿌리는 깊고 심각한 것이었다.

어쩌면, 아우구스티누스가 말하는 죄의 대부분은 리비도의 문제, 즉 성적 욕구의 문제가 과도하게 분출되는 것과 직접적으로 관련이 있을 것만 같다. 성적 욕구는 창조의 질서에 속하는 것임이 틀림없지만, 그것이 바르게 사용되지 못하고 절제되지 못하는 것일 때 강력한 유혹으로 작용할 수 있을 것 같다.

아우구스티누스의 경우를 두고 볼 때, 이 부분은 무척이나 심각한 고민거리였음을 쉽게 짐작할 수 있다. 성적 욕구가 쾌락의 통로로 전환되고 그것이 일종의 의존증세를 보이는 것처럼 느껴지는 정도의 심각함이 아우구스티누스에게 나타난 것 같다.

불쌍한 젊은 나는 지독했던 청년기 초반부터 당신께 성적 절제를 구하면서 아뢰었습니다. "내게 순결을 주소서. 절제를 주소서. 그러나 아직은 마소서" 하고 있었습니다. 당신께서 너무 빨리 내 소원을 들어주시면 절제하기보다는 만끽하고 싶었던 정욕의 병이 너무 빨리 치유받게 될까 싶어 두려워했습니다VIII.7.17.

사실, '관음증'을 비롯하여 사이버 공간에서 포르노와 관련된 여러 유혹이 만연되어 있는 IT시대의 현대인에게도 깊은 성찰이 필요한 대목일 수 있겠다. 혹은 아우구스티누스의 시대보다 더 성적 자유를 누리고 있는 우리 시대에 깊이 성찰해 보아야만 하는 문제가 아닐 수 없다. 리비도, 그것은 쾌락의 통로일까? 누구도 간섭하기 어려운 사적 자유의 영역에 있는 것일까? 현대인 모두에게 아우구스티누스의 심정으로 묻고 싶다.

아우구스티누스 자신이 생각하기에, 쾌락의 습관들을 벗어나지 못하는 자신의 모습은 한심하기 짝이 없었을 듯싶다. 더욱 답답한 것은 그토록 오랫동안 찾아 헤매다가 마침내 발견한 진리를 향하여 나아가야 한다는 것은 잘 알고 있었다.

그렇게 하고 싶은 의지가 있는 것도 분명했지만, 습관에 짓눌린 탓에 결단을 내리지 못하는 자신의 모습이었을 것이다. 사실, 그렇게 행하려고 마음만 제대로 먹으면, 어렵지 않게 그렇게 할 수 있었으리라 생각했지만, 옛 마음은 새 마음이 하라는 것을 따라주지 않았다.

그래서 절규한다. 왜 이런 일이 생기는 것인가? 마음이 몸에게 명령하면 몸은 그대로 실행하건만, 마음이 마음에게 명령하면 그대로 실행하지 않는 이 답답함을 어찌해야 한다는 것인가! 이러한 괴상한 일이 생기는 이유는 무엇일까?

순간, 깊은 깨달음이 찾아왔다. 사실은 마음이 그것을 하려고 전심으로 원하지 않았기 때문에 전심을 다해 명령하지 않은 것이라는 사실을 말이다.

가장 결정적인 것은 습관의 문제였다. 습관이라는 것 자체가 별도의 실체가 아닌 자신의 의지에서 비롯된 것이라는 점에서, 그것은 일종의 마음의 질병이다. 마음이 진리 위에 서 있기는 하지만, 습관의 무게에 짓눌려 아예 일어나지 못하는 상태인 것을 보면 더욱 그렇다.

9년간 몸담았던 마니교는 옳지 않았다는 사실을 새삼 깨달은 것도 이 과정에서였다. 죄를 짓는 행위의 장본인은 다름 아닌 나 자신이라는 사실을 재차 확인하고 확신하는 과정인 셈이다.

주체할 수 없는 감정과 복받쳐 오르는 갈등 끝에 도달한 결론은 이것이다. 습관의 집요함을 끊어내고 진리를 따라 살기로 결단해야 한다는 것, 그것이다. 하지만, 쉽지 않다.

절정의 순간에서도 '습관'이 아우구스티누스 자신을 향하여 비아냥거리며 말한다. "그것들 없이도 살 수 있을 것 같으냐?" 동시에, 아우구스티누스가 나아가고자 하는 앞 방향에서는 '절제'가 진리를 향하여 나아오라고 초청한다. 이 부분을 의인화하여 표현한 대목이 있다.

'절제'의 여인이 격려의 눈빛으로 나를 바라보고 웃으면서 이렇게 말하는 것 같았습니다. "그대는 이 젊은 남녀들이 하는 일을 못 한다는 것인가? 그대는 이 사람들이 주님의 도움 없이도 자기들의 힘만으로 이런 일을 한 것이라고 보는가? 그들의 하나님이신 주께서 나를 그들에게 선물로 주셨다. 왜 그대는 그대의 발로만 서려고 하는가? 그래서는 설 수 없다. 그분에게 너를 맡겨라. 두려워 말라. 그가 너를 붙들어 넘어지지 않게 하실 것이다. 두려워 말고 용감하게 내어 맡겨라. 그가 너를 영접하여 온전케 하실 것이다"Ⅷ.11.27.

마침내, 아우구스티누스의 내면에 깊이 간직되어 있던 영적 갈등이 의식의 수면 위로 폭발되어 터져 올라왔다. 영적 클라이맥스에 도달한 것이다. 아우구스티누스가 머물던 집에 정원이 그곳이다. 복받쳐 오르는 마음을 가누지 못해 정원으로 뛰쳐나갔다.

그곳에서 마음과 마음의 갈등, 즉 두 가지 의지의 극한 갈등을 경험한다. 하나의 목적, 즉 선에 대한 결단을 이루지 못한 상태에서 느끼는 내적 갈등의 파도였다. 스스로에 대한 분노가 강력하게 치밀었다.

진리의 길을 찾아 하나님에게 돌아가야 하는 것을 마침내 깨달았지만, 그렇게 하지 못하는 아우구스티누스 자신의 모습이 너무나 답답했다. 갈피를 잡지 못하는 마음에 머리를 쥐어뜯거나 이마를 두드리거나 하면서, 안타까워했다. 아우구스티누스는 진리를 발견하고서도 습관의 무게를 이기지 못하여 마음이 분열된 처참한 상태에 있었던 것이다.

그래서 이전보다 더 스스로를 질책하였고 자신을 얽매고 있던 쇠사슬을 완전히 풀어낼 때까지 뒤틀며 몸부림쳤다. '이제는 결단하자' 하고 마음먹기도 했고 거의 결단한 것 같기도 했지만, 여전히 망설이고 있었다. 선에 익숙하지 못한 탓에, 그동안 습관화된 악에게 지배당하고 있었다.

깊은 생각들이 영혼의 심연을 파헤치고 그의 비참함을 들추어 마음의 눈앞에 쌓아 놓았을 때, 눈에는 눈물바다가 이루어지고 마음에는 큰 폭풍이 일어났다. 그날 무화과나무 밑에 쓰러져 흘린 눈물은 진리를 위한 제물이었다.

아우구스티누스는 하나님을 향하여 간청한다. 간절한 눈물 속에 하나님을 향하여 청원한다. "언제까지입니까? 내일입니까? 왜 지금은 아닙니까? 왜 지금 당장 내 불결함이 끝나지 않는 것입니까?"

믿기지 않을 수 있지만, 바로 그 순간, 하나님은 아우구스티누스에게 은혜를 주셨다. 신기한 일이 벌어진 셈이다. 이웃집 어린이들의 동요 속에 들려온 소리가 있었다.

"집어 들고 읽어라. 집어 들고 읽어라Tolle lege, tolle lege"VIII.12.29.

이 소리를 어린이들의 소리가 아닌 은혜의 초청으로 받아들이고 성경말씀을 읽는 순간 모든 것이 확실해졌다. 알리피우스가 있는 곳으로 급히 돌아간 그곳에 정원으로 뛰쳐나가기 전 펼쳐 둔 성경말씀이 한눈에 들어왔다. "방탕과 술 취하지 말며 음란과 호색하지 말며 쟁투와 시기하지 말고 오직 주 예수 그리스도로 옷 입고 정욕을 위하여 육신의 일을 도모하지 말라"는 말씀롬13:13-14이었다.

그것은 일찍이 어머니 모니카를 통해 들어왔던 성경의 내러티브에 속하는 것이었고, 암브로시우스의 설교를 통해 감지했던 내러티브에 들어 있었던 진리였다. 그리고 마침내 아우구스티누스 자신에게 들려온 영적 목소리였다. 더 이상 읽고 싶지도 않았다. 더 이상 읽을 필요도 없었다. 그 구절을 읽는 즉시 확실성의 빛이 그의 마음에 들어와 의심의 어두운 그림자를 모두 몰아냈다.

　여기에서, 놓치지 말아야 할 것이 있다. 아우구스티누스의 회심이 갑작스러운 신비체험이 아니라는 점이다. 자신도 통제할 수 없는 엑스터시에 빠진 것이라기보다 이미 이룩한 지적 회심의 결정판을 만난 것이라 하는 것이 옳을 것이다.

　무엇보다도, 이러한 영적 회심에서 유의할 것은 아우구스티누스의 자기노력을 통해 갑자기 깨달은 것이 아니라는 점이다. 주어가 숨어 있는 언어이기에, 라틴어 문장에는 각별히 주의할 필요가 있다. 그리고 그 관점에서, 『고백록』 전체를 대변하는 문장이 있음을 유념하기 바란다.

　주께서 나를 주께로 돌이키게 하셨나이다 VIII.12.30.

　이 문장은 겸양의 모습을 드러내기 위한 수사학적 장치가 아니다. 정확하게 문제의 핵심을 정리한 이 문장에는 아우구스티누스의 모든 삶이 자신의 것이 아니라는 고백이 담겨 있다. 주어는 아우구스티누스가 아니라 진리 그 자체인 하나님이다. 지적 회심도, 영적 회심도 아우구스티누스의 스스로 지어낸 능력에 의해 실행한 것이 아니었다. 지적 회심도, 영적 회심도, 그리고 삶의 모든 과정에서 주어는 아우구스티누스가 아닌 하나님이었다. 굳이 '은혜'라는 말을 사용해야 한다고 주장하는 이유가 여기 있다.

(2) 진리의 길에 서서, 변화를 꿈꾸다 (IX권)

여기에서 끝이 아니다. 영적 회심 이후, 아우구스티누스의 삶은 결정적으로 변화되었다. 하나님을 향한 여정에서 새로운 출발이었다. 수사학 교수직을 내려놓고 어머니 모니카와 자신의 절친한 친구들을 데리고 카시치아쿰에서 조용한 묵상과 성경주해를 통해 영적 평화를 얻고 세례받을 준비를 한다.

마니교 인물들의 추천으로 얻은 교수직을 포함하여 자신의 모든 기득권과 옛 모습을 내려놓았다. 일종의 '청산'인 셈이다. 그리고 새로운 길을 향하여 나아간다. 기독교의 확실한 진리의 빛을 따라 살기로 결단한 것이다.

아우구스티누스는 자신의 결단을 실행에 옮기기 위해 다

른 사람들의 오해를 불러일으키지 않는 선에서 약간의 말미를 가진 후 공직에서 물러나기로 한다. 마침 학교업무에 과로한 탓에 폐에 무리가 생겨 몸이 병약해져 있었기 때문에 치료를 위해서도 잠시 중단할 필요가 있었다.

방학까지 약 이십일 정도를 지내기가 쉽지는 않았다. 하나님을 만나기 전에는 명예욕을 위해서라도 어려움을 참고 견뎠을 테지만, 이제는 그 욕심을 버리고 나니 이 일을 당장 집어치우지 못하는 것이 조바심이 날 정도였다.

진리의 빛을 따라 살기로 결단한 주변 사람들 중에서 갑작스럽게 베레쿤두스와 네브리디우스가 절명하는 일이 있었지만, 과거에 타가스테에서 절친했던 친구의 죽음 앞에 하염없이 절망했던 때의 아우구스티누스와는 전혀 다른 반응을 보인다. 친구의 죽음과 우정의 허무함을 탄식하며 절망하던 그때와는 확연하게 달리, 그리스도 안에서 요절한 친구들이 아브라함의 품에 안식하고 있다는 사실을 깨달았기 때문이다.

회심 이후, 세례받을 준비에 집중하기 위해 카시치아쿰의 외곽의 한가한 곳에 머물던 아우구스티누스는 그곳에서 시편을 묵상하면서 영적 성숙을 이룬다. "화를 내어도 범죄하지 말라"시4:4는 시편의 말씀을 읽은 후, 진정으로 필요한 것은 남들의 잘못과 그들로 인한 서운함에 관한 분노가 아니라 스스로에게 분노해야 한다는 것임을 깨닫게 되었다. 더 이상 죄짓지 않게 하기 위해서 말이다.

그리고 시편 4편의 첫 구절, "내 의의 하나님이여, 내가 부를 때에 응답하소서. 곤란 중에 나를 너그럽게 하셨사오니 나를 긍휼히 여기사 나의 기도를 들으소서"를 읽으며 하나님께서 진심을 다해 털어놓는 속마음을 헤아리시고 그 기도를 들어 주시리라는 생각에 큰 감동을 받았다.

다음 절을 읽었다. "인생들아 어느 때까지 나의 영광을 변하여 욕되게 하며 허사를 좋아하고 궤휼을 구하겠는고." 헛된 것을 좋아했고 거짓말을 추구하여 살아왔던 것이 바로 아우구스티누스 자신인 것을 발견한 것이다. 진리를 찾되 거짓에 놀아났고, 그토록 진리라고 믿어왔던 것들은 허깨비요 거짓이었다는 사실을 절감했다.

행복이란 밖에 있는 것이 아니고 육안으로 찾을 수 있는 대상이 아니라는 사실을 깨달은 것도 그때였다. 바깥에 있는 것으로 행복해지려는 자는 이내 허무를 경험하고 덧없는 것에 집착하게 되어 허깨비에 놀아나고 말 것이다. 영원한 빛을 보아야 참된 것을 볼 수 있다는 것, 그것이 아우구스티누스가 깨달은 행복이 핵심이었다. 내적 진리의 중요성을 강조한 셈이다.

행복이란 외부에 있는 것이 아니요, 해 아래서 육신의 눈으로 볼 수 있는 것들에서는 도무지 찾을 수 없음을 깨달았다. 외부의 것들에서 행복을 찾으려고 하면 이내 허무에 빠지고 보이는 것들과 무상한 것들을 통해 스스로를 상실해 버리고 만다는 것과 함께 말이다.

이후, 암브로시우스에게 세례를 받으러 가는 아우구스티누스에게서, 육체적 쾌락에 따라 살았을 때 얻은 아들에 대한 달라진 태도를 읽을 수 있다. 아데오다투스Adeodatus(하나님의 선물이라는 뜻)라는 이름의 아들에게 하나님은 위대한 학자들을 능가할 재능을 주셨지만, 정작 자신이 아들에게 물려준 것은 죄뿐이라고 말하는 부분은 아우구스티누스의 변화된 심경을 상징적으로 보여준다.

물론, 회심 이후에 영적으로 기쁜 일만 있던 것은 아니었다. 회심하고 세례를 받은 자들에게 항상 좋은 일만 있으리라 생각하는 것은 심각한 오해이다. 그것은 어쩌면 번영신학 혹은 기복신앙의 잔재일지 모른다.

신앙을 삶의 역경회피용 보험쯤으로 생각하고 있다는 점에서 말이다. 오히려, 회심하여 세례를 받은 이후에 더 강력한 영적 유혹에 직면할 수 있다는 사실을 간과해서는 안 될 것이다. 달라진 점이 있다면, 자신의 신앙을 통해 시련과 유혹을 감당할 만한 사람으로 변화되고 성숙되는 것이 아닐까?

아우구스티누스의 경우도 다르지 않다. 세례를 받은 지 얼마 지나지 않아, 아우구스티누스의 영적 후원자였던 어머니 모니카가 별세한다. 아우구스티누스 일행이 고향으로 돌아가는 길에 항로와 일기 사정상 오스티아 항구에 머물던 때였다. 아우구스티누스와 모니카가 신비한 영적 체험을 한 지 얼마 지나지 않아 모니카는 별세한다.

이 과정에서 엑스터시를 경험한 것으로 보인다. 어머니 모니카와 함께, 아우구스티누스는 오스티아의 티베리나 강변에 머물고 있을 때, 우연히도 단 둘이서 정원이 내려다보이는 창문에 기대고 서 있었다.

그때 어머니와 아우구스티누스는 진리인 하나님 앞에서, 지나간 일들은 잊어버리고 이제껏 보지도 못했고 듣지도 못했으며 사람의 마음에도 떠오르지 않는 성자들의 영생이란 어떤 것일지 이야기하고 있었다. 장차 얻게 될 그 생명의 샘물을 목말라하면서 그 깊은 뜻을 생각해 보려는 것이었다.

대화는 깊어져 이러한 결론에 이르렀다. 육체적 감각의 쾌락은 제아무리 좋고 또한 지상의 빛으로 빛이 난다고 해도 하늘의 행복에 비해보면 감히 그 이름값에도 이르지 못할 것이라고 생각했다.

아우구스티누스와 모니카의 영혼은 '항상 변하지 않으시는 분'을 향하여 올라가서 해와 달과 별이 빛나는 하늘 위로 두루 다니는 신비한 체험을 할 수 있었다. 그리고 하나님이 지으신 모든 것에 감탄하면서 하나님을 향하여 숫구쳐 오르는 신비를 경험했다. 그곳에서는 예지하는 것만으로 모든 것이 이루어지며 항상 '있음'만이 있을 것이라는 고백이 나오기도 한다.

그때 모니카의 말은, "아들아, 나는 이제 세상에서 더 이상 누릴 즐거움이 없다. 바라던 것이 다 이루어졌으니 더할 것이 없구나. 내가 세상에 좀 더 살고 싶었던 것은 내 아들이 신앙을 갖는 것을 죽기 전에 보고 싶었기 때문이다. 이제 네가 세상의 행복을 끊고 주의 종이 된 것을 보았으니 내가 할 일이 더 이상 무엇이 있겠느냐?" 하는 것이었다.

이 일 후 닷새가 지나지 못하여 모니카는 열병으로 눕고 말았다. 모니카는 임종 시에 이렇게 말했다. "내 육신이 어디에 묻히든 그것이 중요한 것이 아니다. 한 가지, 너희가 어디에 있든지 주의 제단에서 나를 기억해다오." 병상에 누운 지 아흐레 되는 날 아우구스티누스의 어머니 모니카의 나이 쉰여섯, 아우구스티누스의 나이 서른셋 되던 해였다.

일생 동안 아들의 회심을 위해 간구하던 어머니의 모습을 기억하면서 지은 아우구스티누스의 기도문은 애절한 마음을 엿보게 한다. 중요한 것은, 아우구스티누스가 마침내 진리의 항구에 도달했다는 점이다. 마치 오스티아 항구에서 새로운 출항을 준비하는 것처럼, 새로운 인생을 준비하고 진리의 길을 당당히 걸어갈 각오로 충만해졌다는 점이다.

3. 위를 향하라!

1) 인간, 위를 향하여 살아야 할 존재

(1) 지금도 죄와 뒤섞여 있나이다 (X권)

드디어 우리는 논쟁이 되는 부분에 도달했다. IX권 이후의 일들은 굳이 생략해도 되는 것을 억지스럽게 이어가는 것일까? 아우구스티누스의 회심으로 모든 것이 끝난 것 아닐까? 창세기 주해는 읽지 않아도 되는 것 아닐까? 이들 질문에 대한 답은 분명하다. "그렇지 않다." 혹은 "꼭 읽어야 한다."

간단하게 생각해보아도 답은 분명하다. 100권 넘는 저술을 펴낸 아우구스티누스의 스타일에 비추어 본다면, 굳이 다른 곳에 넣을 곳이 없거나 단행본으로 낼 수 없어서 창세기 주해를 시도한 것이 아닐 것이라는 점은 쉽게 짐작할 수 있다.

앞서 말한 것처럼, 『고백록』을 IX권까지만 읽고 나머지는 창세기에 관한 신학적 주해라는 이유로 제외시키는 경우가 있다. 번역본도 그렇고, 해설서 역시 다르지 않다. 하지만, 옳지 않다. 잘라 말하건대, 그렇게 읽어서는 『고백록』 전체의 뜻을 놓치고 만다. 『고백록』의 뒷부분은 앞부분을 정당화해주는 근간이자 핵심이다. 혹은 아우구스티누스 개인의 내러티브가 어떤 내러티브에 속하는 것인지를 보여주는 메타 내러티브이다.

그 핵심은 왜 고백을 해야만 하는지에 대한 토대와 근간이 창조주로서의 하나님을 향한 인간의 자기발견에 있다는 것이다. IX권까지는 죄인으로서의 자신의 삶에 대한 내러티브였다.

뒷부분의 내러티브는 모든 것을 온전하게 창조하고 죄를 원치 않는 하나님께서 어긋나버린 인간의 죄를 용서하며 다시 받아들이는 은혜의 하나님임을 보여준다. 이것을 두고 아우구스티누스 당시의 주도적 내러티브였던 플라톤, 아리스토텔레스 및 로마의 내러티브로부터 기독교의 내러티브로의 전환이라고 말하고 싶다.

특히 X권에서, 이제까지의 일들에 대한 회상의 근거와 향후의 나아갈 방향이 암시된다. 무엇보다도, 『고백록』의 집필동기와 독자들을 향한 메시지에 이러한 의도가 묻어 난다. 고백을 하는 목적은 다른 것이 아니다. 과거의 죄를 용서하고 허물을 덮어 주어 신앙과 성례로써 삶을 변화시 켜주었고 행복을 누릴 수 있게 한 하나님을 찬양하고, 독자 들이 자신의 고백을 읽고 들을 때 감명을 받게 하려는 것이 었다.

하지만, 이것은 문학적 혹은 수사학적 감명을 말하는 것 이 아니다. 인간 실존에 대한 성찰을 요구하는 간절함이 담겨 있다. 아우구스티누스라는 개인은 물론이고 그의 글 을 읽는 모든 사람이 죄인이라는 사실을 깨닫고, 죄에 대해 '할 수 없다'고 포기하지 말라고 한다.

오히려 소망을 가지라고 강력히 권한다. 하나님의 은혜 를 바라보며 하나님을 진정으로 사랑하기로 결단하게 하 려는 의도와 소망이 담겨 있다. 내적 조명에 관한 이야기도 이 대목에서 재차 강조된다.

내 자신에 대해 알게 되는 것도 주께서 빛을 조명해 주셔야

가능합니다X.5.7.

이것을 인식론으로만 해석해서는 곤란하다. 플라톤의 관점을 응용하여 기독교적으로 적용한 것으로 치부해서는 안 된다는 뜻이다. 아우구스티누스가 플라톤의 인식론을 알고 있기는 했겠지만, 그가 말하고자 했던 것은 인식론의 지평을 넘어선다.

모든 것이 하나님의 은혜를 통해 설명되어야 한다는 확신을 표현한 것이기 때문이다. '빛의 조명'이란 아우구스티누스 자신의 실존적 체험에서 우러난 것으로서, 진리 인식을 포함하는 모든 것이 은혜를 통해 설명된다는 점을 보여준 상징이다.

더욱 주목할 것은, 아우구스티누스의 현재 모습이다. 『고백록』 X권의 시점을 강조하는 이유를 기억해주기 바란다. 하나님의 사랑으로 구원받은 자로서, 아우구스티누스는 카리타스 즉 하나님을 향한 사랑을 실천하고 싶었다.

하지만, 숱한 유혹들이 여전히 그를 향하여 도전해오고 있었다. 유혹들과의 내적 싸움을 이기고 하나님을 향한 온전한 사랑을 실천하고 싶은 것이 아우구스티누스의 현재 모습이다. 요약하여 표현하면 다음과 같다.

나를 아시는 주여, 나로 하여금 당신을 알게 하소서. 당신이 나를 아시는 것처럼 나도 당신을 알게 하소서. 내 영혼의 힘이시여, 내 영혼 안으로 들어오소서. 내 영혼을 당신께 맞춰 주시어 흠과 티가 없는 영혼으로 차지하옵소서. 당신 앞에 숨길 수 없사오니 이 책을 통해 여러 증인에게 고백하고자 합니다. 당신 앞에서는 내 마음 깊은 비밀까지도 밝히 드러납니다. 감히 당신 앞에서 숨길 수 있는 것이 무엇이겠습니까? 나 자신이 부끄럽고 싫어졌습니다. 이제 나 자신을 버리고 오직 당신을 붙들고 당신만을 사랑하고 싶습니다. 내 고백은 나 자신을 당신 앞에 세워 나를 문책하고 고발하는 것에 다름 아닙니다. 그러나 당신께서 들어 주시지 않는다면, 나는 한마디라도 바른 소리를 할 수 없습니다. 당신께서 먼저 말씀해주셨기 때문에 내가 당신께 진실을 고백할 수 있습니다.

과연 사람들이 나와 무슨 상관이 있어서 그들에게 내 삶을 고백하면서 내 영혼의 병을 치유해달라고 간청할 수 있겠습니까? 인간이란 남의 사생활을 알고 싶은 호기심을 발동하지만, 자기 생활을 고치는 일에는 게을러빠진 존재들입니다.

자신들이 누구인지에 관해 내 말을 듣고 싶어 하지 않는 자들에게 내 삶을 고백할 이유는 없습니다. 게다가 그들이 나의 고백을 들어준다고 해도 그들은 그것이 진실인지 아닌지 판단해 줄 능력조차 없습니다. 그럼에도 불구하고 당신께 고백하는 이유는 내 고백을 통해 사람들이 마음을 열어 당신의 사랑을 믿고 깨닫게 하기 위해서입니다X.1.1~3.3 요약 인용.

이 부분은 『고백록』의 집필동기에 대한 저자 자신의 설명에 해당하는 것이지만, 다른 관점에서, 아우구스티누스는 구원받은 이후의 하나님을 향한 자신의 사랑이 어떤 것인지에 대해 설명하고 있는 부분이기도 하다.

하나님을 사랑한다는 것은 무엇인가? 그것은 물체의 아름다움도 아니요, 시구詩句의 아름다움도 아니며, 눈을 즐겁게 해주는 밝은 빛도 아니요, 노래들의 고운 소리도 아니며, 꽃, 기름, 향료에서 나는 향기도 아니요, 만나와 꿀도 아니며, 사랑하는 마음으로 포용할 때 느끼는 육체의 포근함도 아니다.

아우구스티누스가 보기에, 사랑의 대상이 문제이다. 진

정한 사랑의 대상은 외적 사물들이 아니라, 내적 인간 즉 인간 내면에서 발견하는 영원한 진리를 일컫는다. 내면의 진실을 담아 하나님을 향한 진실한 사랑의 길에 들어서야 한다는 뜻이다. 하나님을 향한 사랑은 하나님의 빛, 소리, 향기, 음식, 포근함을 사랑하는 것이요, 하나님께 대한 온전한 헌신이다.

말하자면, 하나님에 대한 인식과 사랑은 감각을 통해서는 도달할 수 있는 것이 아니다. 감각을 넘어 내면의 세계로 들어가야 한다. 여기에서, 아우구스티누스가 독창적으로 주목한 것이 '기억'이다. 기억에 대한 이야기는 다시 기억 그 자체를 초월하는 영역으로 독자들을 초청한다.

예를 들어, 행복을 말할 수 있는 것은 행복에 대한 기억 혹은 행복에 대한 내적 움직임과 갈망이 있기에 가능하지 않겠는가! 말하자면, 행복에 대한 갈망은 모두에게 보편적이지만, 무엇을 사랑하는가에 따라 행복과 불행이 갈리는 것이라는 사실에 포인트를 두고 있는 셈이다.

같은 맥락에서, 기억 그 자체에 대해 성찰하고 그것을 통해 인간의 내면 및 영혼에 대한 이야기를 이어가는 이유가 이것이다. 이제까지 자신의 삶을 회상하는 것도 기억에 속하는 것이요, 하나님의 은혜를 찬송하는 일 역시 기억을 바탕으로 솟아난 것이라는 점에서, 기억은 중요하다. 기억이라는 것은 참으로 위대하다. 기억이란 인간 영혼의 작용이다.

나아가, 인간의 본질 자체가 영혼 아니겠는가! 인간이란 육체덩어리이기를 넘어, 참으로 복잡하고 다양한 것이어서 측량할 수 없는 존재이다. 특히 기억이라고 하는 것은 마치 광활한 들과 동굴과 같아서, 무수한 것들이 무한하게 간직된 내면의 창고와도 같다.

외부세계로부터 내면세계로, 다시 기억의 문제로, 그리고 영혼의 문제로 『고백록』 X권은 하나의 초점을 향하여 나아가고 있다. 인간 내면의 능력으로서의 기억을 창조하시고 인간에게 허락하신 하나님을 향하여 나아간다.

기억은 위대하다. 하지만 기억의 위대함을 깨닫는 것으로 족하지 않다. 기억 그 이상의 가치를 찾아야 한다. 아우구스티누스의 표현대로, 기억을 초월하여 하나님을 향해야 한다.

나의 참 생명이신 하나님, 나는 무엇을 해야 합니까? 나는 기억이라고 하는 이 힘을 초월하고자 합니다. 이 기억을 초월하여 사랑스러운 빛 되신 당신께 나아가고자 합니다 X.17.26.

기억을 통하여 하나님께 나아간다는 것은, 마침내 내적 진리의 교수인 하나님의 인도하심을 따르겠다는 고백이다. 동시에 인간 내면에 간직된 하나님을 향한 사랑의 흔적을 찾고자 하는 소망이다. 이 대목에서 행복의 문제가 다시 등장한다. 참된 행복은 하나님을 통해서만 가능하며, 인간 내면에 남아 있는 행복의 기억으로부터 입증된다는 것이다.

행복의 문제를 재론하는 것은 인간이 하나님을 찾아야 하는 이유를 행복한 삶을 원하는 인간의 갈망이 하나님을 통해 완성된다는 점을 설명해준다. 일종의 문화적 장치인 셈이다. 아우구스티누스는 독자들로 하여금 하나님을 향한 여정에서 하나님을 최고선으로 인식하고 그 안에서 행복을 누리는 것이야말로 진정한 쉼이요 안식이라는 사실에 주목하게 하고 싶었던 셈이다.

『고백록』의 첫머리에서 제기한 문제, 즉 쉼과 안식의 문제가 여기에 직결된다. 행복에 대한 논의는 하나님 안에서의 쉼을 향한 영혼의 갈망을 상징하며 하나님 안에서만 진정한 행복에 이를 수 있음을 강조해준다. 아우구스티누스는 내심 자신의 오랜 방황과 실존적 체험을 통해 얻은 결론을 독자들이 공유해주기를 바랐을 듯싶다. 그가 얻은 행복의 문제에 대한 답은,

행복한 삶이란, 당신을 즐거워하고 당신께 나아가며 당신 때문에 기뻐하는 것, 그 외에 다른 길은 없습니다X.22.32.

이것이 『고백록』의 저자가 직접 밝힌 집필의도이자 내러티브의 핵심이다. 아우구스티누스에게서 행복과 진리는 일맥상통하는 개념으로서, 기독교의 내러티브야말로 진리에 기초한 것임을 재삼 강조한다.

문제는, 인간의 마음이 어둡고 병들었으며, 악하고 추하기 때문에 진리 안에서 기뻐하지 않는 것이다. 아우구스티누스 자신이 걸어온 길의 여러 모습은 진리 아닌 것들을 통

해 추구했던 모든 것은 행복일 수 없었음을 잘 보여준다.

나는 당신을 너무 늦게 사랑하게 되었습니다. 당신께서는 내
안에 계셨지만 나는 밖으로 나가서 당신을 찾아 헤맸습니다.
나는 추악해졌고 이내 당신께서 아름답게 창조하신 피조물
속으로 타락해버리고 말았습니다. 당신께서는 나와 함께 계
셨습니다. 하지만, 나는 당신과 함께 있지 못했습니다X.27.38.

하나님과 함께 있지 못했던 삶을 거울삼아 인간의 삶에
서 필요한 것을 말하라고 한다면, 절제를 통해 성숙되어야
한다는 것이다. 사랑은 은혜에 의해 절제를 구현하는 사랑
으로서, 오직 하나님에게 초점을 맞추는 사랑이다. 이러한
뜻에서, 세상 것들을 사랑하되 하나님을 위한 수단으로 사
랑하지 않고 하나님과 겸하여 사랑하는 자는 결과적으로
하나님을 덜 사랑하는 것이 되고 만다.

하나님과 다른 것을 겸하여 사랑하지 않고 하나님만 사
랑하기 위해서는 다른 것들에 대한 절제가 요청된다. 사랑
의 목적을 하나로 통합하고 그 순도를 높여야 한다는 뜻이

되겠다. 흥미로운 것은, 과거의 죄와 하나님의 은혜에 대해서만 고백한 것이 아니라는 사실이다.

놀랍게도, 아우구스티누스는 현재의 모습에 대해서도 진솔하게 고백하고 있다. 히포 교구의 목회자로서, 아우구스티누스는 여전히 하나님을 향한 사랑에 걸림돌이 될 수 있는 여러 요소에 무척이나 민감하다.

항상 타오르고 계시며 결코 꺼지지 않는 사랑이여, 나의 사랑, 하나님이여. 간구하오니 당신의 사랑으로 나를 불태워주소서. 당신은 내게 절제하라고 명하십니다. 당신이 명하시는 것을 행할 수 있도록 하시고 당신이 원하시는 것을 명하소서 X.29.40.

이미 그리스도인이 되었고, 더구나 교구의 목회자가 된 아우구스티누스는 성경이 말하는 윤리적 요구에 민감하게 반응한다. "육신의 정욕과 안목의 정욕과 이생의 자랑"요일 2:16을 절제하라는 명령을 따라 살기로 결단한 것이다.

아우구스티누스가 생각한 현재적 유혹들에는 건강유지

에 필요한 것 이상의 식탐을 포함하여 삶의 구체적인 여러 요소가 해당된다. 이것을 아우구스티누스는 과거 나쁜 습관의 연속으로 설명한다. 그만큼 현실적이고 끊어내기 어려운 것들이라는 뜻일 듯싶다.

식탐의 문제를 예로 들어보자. 건강을 위한 필요가 되는 부분과 유혹이 되는 부분 사이의 경계를 정하기 어려운 측면을 파고드는 유혹이다. 건강에 필요한 만큼과 쾌감에 필요한 정도가 각각 달라서, 건강에는 충분한 분량의 음식이 쾌감을 만족시키지는 못한다. 몸이 요구하는 필요성이 음식을 먹게 하는 것인지 혹은 쾌감을 위한 식탐이라는 속임수에 넘어가 음식을 먹는 것인지 분명하지 않은 경우도 있다. 문제는 이처럼 불분명한 상태를 즐겨하며 그것을 이용하여 스스로를 숨기고 변명한다는 점이다.

아우구스티누스가 성경을 인용하여 표현한 것처럼, 세례 요한은 메뚜기를 먹고 지냈어도 불결하게 되지 않았지만에서 Esau는 팥죽 한 그릇에 속아 넘어갔고, 광야에서 이스라엘 백성이 꾸지람을 받은 것은 고기를 원했다는 것 자체가 아니라 탐심으로 음식투정을 부리며 하나님을 원망했기 때문이다.

문제는 변화하지 못하고 있는 나 자신에게 있는 것이며, 그것이 인간의 현실이다. X권에 주목해야 하는 이유는 다름 아니다. 오늘의 우리와 동일한 고민을 아우구스티누스가 진리를 위한 헌신 이후에도 여전히 지니고 있다는 점에서, 우리의 문제들에 대한 열쇠가 발견될 수 있으리라는 기대 때문이다.

이 문제에 대한 아우구스티누스의 방향성은 분명하다. 인간의 결단과 노력만으로는 불가능하다는 것이다. 은혜가 있어야 절제도 가능하고 새로운 헌신도 가능하다는 점, 그리고 우리의 일상이 항상 유혹에 노출되어 있다는 점을 보여준 셈이다. 아우구스티누스가 말하는 것처럼, 매일의 음식에서 오는 쾌락과 싸우고 있는 인간으로서는 식탐이라는 것 자체를 단번에 결심하고 끊을 수 있는 것이 아니다.

과연 스스로 조절의 한계를 지킬 수 있는 사람이 있겠는가? 아우구스티누스의 답은 이렇다. "그렇지 못한 자임을 고백합니다. 나는 죄인입니다. 그럼에도 불구하고 나의 죄를 위하여 간구하는 주의 몸 된 교회에 연약한 지체의 하나로 불러주심을 감사합니다."

식탐과 건강 사이의 경계선과 그에 따른 선택은 지극히 일상적인 것이어서 죄 혹은 유혹의 통로가 될 수 있지만, 이에 대해 민감성이 떨어지는 것 역시 문제일 수 있다. 매우 민감하게, 아우구스티누스는 일상적인 것들이 탐닉을 낳을 수 있다는 경계심을 드러낸다. 일상적으로 먹고 마시면서 육체의 소모를 보충해야 하는 필연성 안에서 일정한 쾌락을 누리고 있지만, 그 쾌락의 노예가 되지 않도록 경계해야 한다는 것이다.

같은 맥락에서, 호기심의 문제는 또 다른 예다. 인간의 호기심은 매우 복합적이고 위험스러운 유혹이다. 감관을 통해 누리는 쾌락에 젖어 살다가 중요한 것을 놓치고 쾌락의 노예로 전락해서는 안 된다는 지극한 경계심의 표현인 셈이다.

예를 들어, 교회에서 찬송의 내용보다 찬송의 선율과 감미로움에 탐닉하는 경우가 그렇다. 찬송 가사의 뜻보다 찬송음악에 감동될 경우, 애통해야 할 죄를 짓는 셈이라고 말하는 대목은 아우구스티누스의 영적 민감성이 지나친 것 아닐까 싶을 정도이다.

　핵심은, 스스로의 자제력이나 덕성으로 행복에 이를 수 없다는 것이다. 심지어 절제 그 자체도 인간의 노력에 의한 것이라기보다 하나님의 은혜를 통해서만 가능하다는 것을 아우구스티누스는 절감했다.

　예를 들어, 식탐에 대한 절제에서 인간의 의지가 중요한 것은 사실이지만, 하나님의 은혜가 없으면 완성될 수 없다. 아우구스티누스는 식탐 문제에 대한 고민을 담은 누군가의 기도를 들었다는 형식을 빌려, 마음에 깨달은 것을 독자들에게 권한다.

> 나의 식탐을 고쳐주소서. 거룩하신 하나님, 분명히, 우리가 당신이 하라고 명하시는 것을 할 수 있는 것도 당신께서 힘을 주셔서 하는 것입니다X.31.45.

　은혜의 윤리란 바로 이런 것이다. 은혜를 명분으로 방탕하게 살아도 된다는 뜻이 아니라, 절제의 능력에 대해서도 스토아철학자들처럼 마음만 먹으면 절제할 수 있다고 자랑을 늘어놓을 것이 아니라, 하나님의 도우심을 구하며 민감해야 한다.

은혜는 허구의 것이 아니라, 구체적 능력으로 나타난다. 구원의 은혜는 인간의 공로와 무관한 것임이 틀림없다. 동시에, 은혜는 구원받은 자를 자유방임하지 않는다. 절제를 추구하고 윤리적 성숙을 갈망하는 자에게 능력이 되어줄 것이다.

심지어, 지적 호기심에 대해서도 다르지 않다. 예를 들어, 도마뱀이 파리를 잡아먹는 장면을 보는 것과 같이 생태계의 조화들을 탐구하는 것도 하나님에게 영광을 돌려야 마땅한 결론이건만 여전히 호기심 그 자체에 끌리고 있는 것을 아우구스티누스는 안타까워한다. 그리고 이 일에 관해서도 하나님의 은혜가 더 많이 필요함을 고백한다.

당신께서 나를 변화시키기 시작했으니 당신의 은혜만이 소망입니다 X.36.58.

더구나 독자들에게 이러한 교훈을 주고 있는 아우구스티

누스는 어느덧 젊은 시절 성적 쾌락을 비롯한 여러 쾌락에 놀아났던 자신의 모습을 회개하고 히포 교구의 목회자가 된 시점에 있음을 기억할 필요가 있다. 성직자가 되었다고 해서 도덕성이 저절로 완성되는 것이 아니라, 윤리적 민감성과 절제의 절박함을 통해 성숙되어야 함을 몸소 보여주며 가르치고 있다는 점에서 말이다.

예를 들어, 아우구스티누스가 꿈속에서 성적 유혹을 받는다고 고백한 것은 지금까지 지녀왔던 악덕의 소산이었다. 유념할 것은, 히포의 주교가 된 아우구스티누스가 자신의 과거 행적을 회고한 것이 아니라, 현재의 유혹에 대해 말하고 있다는 점이다. 아우구스티누스는 이러한 유혹이 자신의 과거에서 기인하여 떠오르는 이미지들이라고 보았다.

나의 기억 속에 과거 나쁜 습관이 새겨둔 여러 쾌락의 이미지들이 아직도 남아 있습니다X.31.41.

그는 자신이 깨어 있는 동안에는 이들 이미지가 영향을 끼치지 못했고, 잠든 동안에만 나타났으며 때로는 꿈을 꾸고 있는 자신의 상상력과 결합되기는 했지만 자신의 이성이나 의지에서 나온 것이 아니라고 말한다.

이러한 뜻에서, 그가 그 꿈에 대해서까지 책임을 져야 하는 것은 아니었다. 깨어 있는 동안에는 양심이 성적 유혹의 이미지들을 거절하고 있으며 꿈속에서도 그가 자발적으로 동의한 것은 아니기 때문이다. 꿈속에서 성적 유혹을 받았어도 잠에서 깬 후에는 그 스스로 꿈속의 내용에 동의한 것은 아니기 때문에 괴로워할 필요도 없고 양심의 평화를 얻을 수 있지만, 자신에게 불경건한 것들이 남아 있다는 것 때문에 고민에 빠졌다.

심각하고도 끈질긴 성적 쾌락의 문제에 대해, 아우구스티누스 자신으로서는 답을 찾을 수 없었다. 어쩌면, 히포의 주교가 된 시점에서도 도덕에 관한 근본문제가 완전히 해소되지 않은 채 남아 있던 것일지 모르겠다.

비록 성적인 꿈에 대해서, 그리고 잠을 자는 동안에 나타나는 오염의 문제는 그 자체로 죄가 되는 것은 아니지만, 아우구스티누스는 하나님을 향한 놀라운 신뢰를 바탕으로 정욕의 최소한의 찌꺼기까지도 제거하여서 자신을 깨끗이

씻어주기를 간구한다. 하나님의 전능하심은 인간의 지각을 넘어서는 참으로 위대한 능력이기 때문이다.

이러한 모습은 하나님을 향한 이러한 신뢰와 정욕에 대한 싸움을 상징적으로 보여준다. 탐욕의 멍에를 벗어던지는 것 자체를 두려워하던 이전의 아우구스티누스와는 확연히 다른 모습이다.

적극적으로, 아우구스티누스는 물질적인 것들을 그들의 필요를 충족시키는 데 사용해야 하며 그것들에게 마음을 빼앗겨서는 안 된다고 강조한다. 모든 것을 하나님을 따라 사랑하기는 하지만 하나님을 위해 사용하지 않는 자들은 하나님을 너무도 조금만 사랑하는 자들이라고 말하기도 한다.

누군가 세상의 것들을 사랑하되 당신을 위한 수단으로 사랑하지 않고 당신과 동등하게 사랑한다면, 그는 당신을 덜 사랑하는 자입니다 X.29.40.

아우구스티누스가 보기에, 인간은 마음속에 카리타스를

지니고 있기는 하지만, 피조물에 대한 집착으로 카리타스의 완전한 발현이 제한되어 있는 상태이다. 여전히 쾌락을 비롯한 그 어떤 것을 사랑하고 마음을 빼앗기고 있다는 점은 아우구스티누스 자신이 발견한 진리의 하나님을 벗어나 엉뚱한 것에서 행복을 찾아 헤매고 있는 인간의 현실을 고발하는 것일 수 있다.

> 행복의 다른 길을 추구하는 사람들은 다른 기쁨을 추구하는 자들입니다. 하지만 그것은 참된 기쁨일 수 없습니다. 여전히 그들의 의지가 기쁨의 그림자에서 아주 등을 돌린 것은 아니라는 점은 틀림없습니다X.21.32.

아우구스티누스 자신이 겪어온 것처럼, 모든 사람이 행복해지기를 원하지만 여전히 행복에 이르지 못하는 데에는 중요한 이유가 있다는 것이다. 외적 환경이나 누군가의 탓을 하기 전에, 의지의 약함과 분열이 결과적으로 감각적 쾌락과 결탁하여 하나님보다 열등한 것들에게서 만족을 찾으려 하는 데 원인이 있음을 강조한 것이다. X장을 항상 유념하여 읽어야 하는 이유들은 이것으로 충분하리라 본다.

(2) 시간의 존재여, 영원을 사랑하라! (XI~XII권)

기억에 대한 논의를 근간으로 삼아, XI권에서 XII권은 『고백록』의 독창적인 주제라 할 수 있는 시간과 영원의 문제를 집중적으로 다루고 있다. 시간에 대한 성찰은 인간의 존재론적 한계를 설명하는 데 더할 나위 없이 적격이다. 시간론은 아우구스티누스의 사상에서 각별히 유의할 독창성을 지니고 있다.

기억해야 할 것은, 시간론이 불쑥 튀어나온 것이 아니라는 점이다. 여러 차례 말했듯이, 『고백록』 후반부의 내러티브는 창세기에 관한 것이다. 아우구스티누스는 성경의 비밀에 대해 알고자 하는 마음으로 창세기를 해석하면서, '태초에 당신께서 천지를 어떻게 창조하셨는가'에 관해 듣고자 하는 마음으로 다가선다. 이 과정에서, 창조론을 효과적으로 설명할 도구가 '시간'과 '영원'의 구분이었다. 이는 앞서 X권에서 다룬 요점, 즉 '기억'의 문제와 직결되는 것으로서, 창세기 주해 안에 녹아들어 있다.

출발점은 분명하다. 우리 눈으로 온 세상 삼라만상이 존재하는 것을 확인할 수 있지만, 그 시원에 대한 이야기들이 복잡하다는 것이다. 아우구스티누스는 성경의 관점, 즉 온 세상은 스스로 생겨나지 않았다는 점에 주목하면서 창조신앙의 문제를 해명한다. 그 핵심은 이 세상 모든 것이 스스로 생겨나지 않았으며, 창조주의 작품이라는 것이다.

시간조차도 당신께서 만드신 것이오니, 당신이 만드시기 전에는 아무 시간도 지나갈 수 없습니다 XI.13.15.

창세기 주해는 시간의 문제와 연계되어 『고백록』 전체의 근간이 되는 창조신앙에 대한 고백과 하나님의 은혜에 대한 찬양의 기초를 마련하는 데로 나아간다. 아우구스티누스에 따르면, 창조주 하나님은 항상 현재이신 영원의 존재이며 시간적인 존재들을 넘어선다. 모든 과거의 시간 전에도 존재했고 모든 미래의 시간 후에도 존재한다. 그리고 하나님의 세월은 가고 옴이 없으나 인간의 시간은 오고 가고 마침내 흘러가 버린다. 이 부분에서, 시간의 본질에 대한 아우구스티누스의 질문은 유명하다.

시간이란 무엇입니까? 질문을 받기 전에는 시간이 무엇인지
알고 있는 것 같습니다. 하지만, 질문을 받아 시간에 대해 막
상 설명하려 하면 잘 모르고 있습니다XI.14.17.

시간의 문제는 갑작스럽게 등장하는 주제인 듯싶으나,
기억에 대한 성찰과 긴밀히 연관되어 있다. 인간이 과거를
기억한다는 것은 창조주가 인간 내면에 허락한 능력을 발
휘한 것으로서, 기억의 문제는 시간의 문제에 맞닿아 있다.
여기서 유의할 것이 있다. 인간의 내면성은 과거를 기억
하는 것에 국한되는 것이 아니라, 현재와 미래에까지 뻗어
있다는 점에서, 시간의 문제는 내면성에 대한 또 다른 차원
의 성찰이다.
예를 들어, 과거, 현재, 미래라고 세 가지 시간이 있다고
말하는 것은 적당치 않다. '과거 일의 현재', '현재 일의 현
재', '미래 일의 현재'라는 세 가지 시간이 있다고 말하는 부
분에서 유의할 것은, 시간을 내면의 문제이자 의식의 문제

로 설명하고 있다는 점이다. 과거 일의 현재는 기억이요, 현재 일의 현재는 직관이며, 미래 일의 현재는 기대라는 것이다.

이것은 시간을 내면성의 핵심으로 상정하고 그것을 통해 인간에 대한 자기성찰과 하나님을 향한 진정한 사랑의 당위를 제시하기 위한 근거이다. 아우구스티누스는 시간에 대한 성찰이 운동량에 관한 것에 국한되어서는 안 된다는 점을 분명하게 말한다. 고대철학자들이 생각하는 시간관으로는 시간의 본질을 제대로 성찰할 수 없다는 뜻이다.

동시에, 아우구스티누스의 제안은 시간을 내면성의 차원에서 다루어야 한다는 관점으로 볼 수 있다. 아우구스티누스가 확립한 것은 시간이란 일종의 의식, 즉 시간의식과 연계된다는 사실이다.

흔히 시간을 '잰다'고 하지만, 연장도 없는 현재의 시간을 어떻게 재는 것인가? 현재의 시간이 지나가는 '동안' 그것을 잴 수 있다. 이미 과거로 흘러 지나가버린 시간을 잴 수는 없다. 한번 지나간 후에는 잴 수 있는 것이 그 무엇도 남아 있지 않기 때문이다.

더구나, 시간을 재는 동안 그것은 어디에서 와서, 어디를 통해, 어디로 지나가는 것인가? 미래에서 와서 현재를 통하여 과거로 지나가는 것 아니겠는가?

아우구스티누스가 생각하는 시간은 내면성에 관계된 것이요, 이제까지의 과거에 대한 기억과 그 고백에서 드러난 것처럼 기억의 위력과 연관된다. 특히, 과거와 현재와 미래를 말하는 것이 근본적으로 기억의 능력, 즉 마음 혹은 영혼의 능력에서 기인한다.

시간이란 일종의 분산(팽창)이다. 그것은 아마도 마음의 연장일 것이다. 시간이란 인간을 내면성의 존재로 인식하고 그 실존적 의의를 찾아가는 과정을 가장 분명하게 보여주는 계기다.

아우구스티누스는 시간에 관한 성찰에서 분명하게 알게 된 것이 있다고 한다. 과거, 현재, 미래의 시간이 있다고 말하는 것보다 과거의 현재, 현재의 현재, 미래의 현재라는 세 가지 시간이 있다고 하는 것이 맞다는 것이다.

더구나, 이 세 가지 시간은 인간의 마음 안에 있다. 과거의 현재는 기억이요, 현재 일의 현재는 직관이며, 미래 일의 현재는 기대이다. 이렇게 세 종류의 시간이 있다고 말하는 것은 언어관습에서 온 것이다.

아우구스티누스가 보기에, 시간을 물체의 운동이라고 말하는 것은 옳지 않다. 물체의 운동 자체가 시간은 아니기 때문이다. 물체는 때로 빠르게 때로 느리게 운동하며 때로는 움직이지 않고 정지되어 있기도 하다. '운동시간이 정지시간과 같다'고 하거나 '운동시간이 정지시간의 몇 배이다'라고 하는 경우들을 놓고 보면, 시간이란 물체의 운동과 동일한 것이 아니라는 것을 알 수 있다.

시간을 잰다고 할 때, 우리는 과연 어디에서 시간을 재는 것일까? 물체의 운동을 시간 아닌 다른 것으로 말할 길은 없다. 시詩는 구절의 길이로 잴 수 있고 구절은 음절로 잰다.

이것을 두고 생각해 보면, 시간이라는 것은 기록된 문장이 길다고 해서 공간에 비추어 재는 것이 아니라, 일종의 연장인 듯 보인다. 특히, 영혼의 연장distentio animae이라는 것이 아우구스티누스의 조심스러운 추측이다.

말하자면, 시간은 인간의 시간의식 속에서 의미 있는 것이 되며, 시간까지도 창조한 하나님의 영원성에 비해 인간에게는 시간적 한계 혹은 한시성이 주어져 있는 셈이다. 요컨대, 인간은 '시간적 존재'이다. 영원한 존재가 아니라는 뜻이다.

인간이 마음의 능력을 따라 기억하고 직관하고 기대하지만, 이는 인간 능력의 위대함을 말하는 것이라기보다 인간의 내적 한계를 보여주는 것에 지나지 않는다. 인간이 하나님을 사랑해야 하는 이유가 존재론적으로 해명되고 있는 셈이다.

인간은 산산이 조각난 존재 즉 한계를 지닌 존재이며, 영원의 존재일 수 없다. 이는 죄인으로서의 인간이 지닌 한계를 상징한다. 시간적 존재로서의 인간은 가변적이며 우연적이요 가멸적인 존재임이 드러난다. 인간은 영원한 존재가 아니며, 영원의 존재에 의존하지 않고는 의미가 없는 나약하고 분열된 시간성에 예속된 존재임을 말해준다.

지금 나는 시간에 얽매여 흘러 지나가고 있습니다. 주여, 당신은 영원하시오니 뒤죽박죽 혼돈되고 뒤틀리는 나를 불쌍히 여기소서. 나는 당신의 사랑 안에 당신과 하나가 되기 전까지 산산조각이 나서 당신을 애타게 기다립니다XI.29.39.

시간적 존재로서의 인간은 그 한계를 스스로의 힘으로 극복할 수 없으며, 영원의 존재인 하나님을 통해서만 진정한 쉼을 얻을 수 있다는 뜻이다. 죄인으로서의 인간이 하나님의 은혜를 통해서만 구원을 받아 진정한 쉼에 이를 수 있다는 것과 일맥상통하는 대목이다. 나아가, 시간에 관한 성찰은 본질적으로 창조에 대한 설명에 직결된다.

아우구스티누스에 따르면, 존재하는 것치고 하나님 없이 존재하는 것은 없다. 삼위일체 하나님은 무에서부터 하늘과 땅을 지었다. 완전한 무에서 무에 가까운 질료를 지었고 그것으로 세상을 지었다는 것이다.

빛을 낸 다음 날 궁창도 말씀으로 지었고 뭍과 바다를 나누었다. 그리고 이러한 창조의 관점에서 볼 때, 이 세상의 것들이 변하는 것은 그것들이 본래 영원한 것이 아니라 무에서 창조된 것이기 때문이다. 여기에서 아우구스티누스는 고백하지 않을 수 없었다.

주여, 창조주이신 당신 앞에서 내가 생명의 주인노릇을 하지 않게 하소서. 내가 스스로 생명의 주인이 되어 사는 것은 잘못이요 나의 죽음과 다름이 없습니다. 당신 안에 살아야만 다시 사는 것이 됩니다XII.10.10.

시간을 의식의 문제로 환원하고 혼의 팽창 혹은 마음의 연장이라고 규정하는 것은 결과적으로 인간의 실존적 정체를 보여주는 통로가 된다. 혼의 팽창이라는 것은 시간의식의 분열, 즉 과거와 현재와 미래로 구분되는 인간의식의 실존적 속성을 보여주는 계기라는 것이다. 스스로 생명의 주인노릇하지 않게 하도록 은혜를 간구한 아우구스티누스의 진의는 이것이다. 시간 자체를 창조하고 시간을 넘어선 영원한 존재인 하나님 안에서라야 시간적 존재인 인간이 쉼을 얻을 수 있다는 뜻이다.

2) 쉼을 주소서

마지막 XIII권이다. 창세기 1장에 대한 은유적 해석을 담고 있는 이 부분을 제대로 읽어내기 위해서는 첫 권에서 했던 이야기들을 기억할 필요가 있다. 쉼에 관한, 그리고 행복에 관한 이야기 말이다. 아우구스티누스에 따르면, 하나님은 은혜로우시다.

> 당신은 나를 지으셨고 내가 당신을 잊어버렸을 때에도 당신은 나를 버리지 않으셨습니다. 이제야 당신을 부르는 나를 버리지 마소서. 내가 당신을 부르기 전에 이미 당신은 나를 기억하셨고 나를 부르시는 당신의 목소리를 듣게 하셨습니다. … 주여, 당신은 나를 용서하시고 당신을 배신했던 내 죗값을 묻지 않으셨습니다. 오히려 내가 당신을 부르기 훨씬 전에 나를 기다리고 계셨습니다. 나는 본래 아무것도 아닌 존재였지만 당신께서 나를 존재하게 하셨습니다. 내 존재의 질료가 있기도 전에 이미 당신은 내게 은혜를 주셨습니다[XIII.1.1].

그리고 은혜로운 하나님은 창조주 하나님이며 아우구스티누스를 기억하시고 각별히 은혜를 베풀어주는 하나님이다. 말하자면, 창조-은혜-행복의 연관성을 말하고 있는 셈이다. 고백록에 굳이 창세기 주해를 붙이는 이유가 바로 여기에 있다. 창조주에 대한 고백은 결국 은혜의 하나님을 향한 고백이요, 본질적으로는 행복의 완성 즉 진정한 쉼을 위한 여정의 궁극목적이 하나님이라는 점을 입증한다.

주여, 나는 당신께 쓸모 있는 존재도 아니고 당신께서 귀하게 여길 만한 존재도 아닙니다. 당신의 피곤을 덜어드릴 수도 없는 비천한 존재입니다. 내가 당신을 섬기는 것은 나를 통해 당신께서 거룩하게 되시기 때문이 아닙니다. 당신은 홀로 거룩하십니다. 나는 기껏해야 당신을 통해서만 내가 행복할 수 있는 존재입니다. 내가 행복할 수 있다면 그것은 오직 당신을 통해서만 가능합니다XIII.1.1.

인간의 진정한 행복으로서의 안식에 이르기 위한 사랑의 중요성은 창세기 주해라는 흐름에서 벗어나지 않으면서도 본연의 주제, 즉 행복-사랑-쉼의 교훈으로 연결된다. 이를테면, 창조된 자연계의 질서에 비유된 사랑의 능력에 대한 설명에서도 이 점은 분명하게 드러난다.

아우구스티누스에 따르면, 인간은 사랑의 존재이며, 하나님을 향한 사랑은 시간적 존재로서의 인간의 한계를 넘어서기 위한 필수조건이다. 무엇보다도, 죄인으로서의 인간을 행복에 이르게 하는 능력이 된다.

물체는 그 무게를 따라 자리를 찾아 움직입니다. 무게란 밑으로만 내려가게 하는 것이 아니라, 제자리를 찾게 해줍니다. 예를 들어, 돌은 밑으로 떨어지고, 불은 위로 타오릅니다. 이처럼 각각 자기의 무게를 따라 자리를 찾아 움직입니다. 물에 기름을 부으면 위로 올라오고, 기름에 물을 부으면 밑으로 내려갑니다. 이처럼, 모든 것은 무게를 따라 자리를 찾아 움직입니다. 그 각각이 자리를 벗어나면 불안정해지며, 자리를 찾아 다시 돌아가게 되면 안정을 얻게 됩니다. 내게 있어서는 사랑이 내 무게입니다. 어디로 움직이든지, 나는 사랑이 이끄는 대로 움직이게 됩니다. 우리의 사랑은 당신께서 선물로 주신 성령으로 타올라 위로 오르게 됩니다 XIII.9.10.

이 문장은 무척이나 중요하다. 인간은 행복을 잃은 존재이며 쉼을 누릴 수 없는 존재가 되고 말았다는 전제에서 읽어 가노라면 그 뜻을 마침내 파악할 수 있다. 행복을 원하는, 혹은 쉼을 원하는 인간에게는 사랑의 능력이 주어져 있으나 그것이 남용된 탓에 행복에 이를 수 없다는 진단이다.

그 본래적 자리, 즉 창조된 원래의 모습을 반영해 본다면, 인간의 사랑이 어떤 것이어야 하는지를 알 수 있다는 암시가 담겨 있다. 돌이 아래로 떨어지고, 불이 위로 타오르는 것처럼, 인간의 영혼은 하나님을 향하여 나아가야 하는 존재라는 뜻이다.

문제는 인간의 사랑이 인간을 위로 이끌어가지 못하고 아래로 향하게 만드는 어긋난 사랑으로 치달았다는 점이다. 남은 대안은 인간의 사랑을 위로 올라가게 하는 것이다. 사랑의 불길을 끄는 것이 아니라, 사랑을 정화시켜야 한다는 것이다.

중요한 것은 이 과정이 선물로 주어진다는 점이다. 이는 인간의 진정한 행복을 위한 길은 궁극적으로 은혜에 의해서만 가능하다는 것을 재삼 확인해 준다. 『고백록』 I권 1장

첫 문구에 나타난 쉼에 대한 아우구스티누스의 성찰은 『고백록』 XIII권 36장에서 영원한 쉼을 향한 간절한 기도로 마무리된다.

주여, 우리에게 이 모든 것을 이미 주셨으니, 이제 평화도 허락해 주소서. 쉼의 평화, 저녁이 없는 평화를 주소서. 전체로서 심히 좋은 아름다움의 질서라도 언젠가는 흘러가고 맙니다. 그들에게도 아침과 저녁이 있습니다. 다만 일곱째 날만은 저녁도 없고 석양도 없습니다. 당신께서 일곱째 날 안식하신 것처럼, 당신이 명하신 선한 일을 마친 후에 영원한 안식을 얻고 싶습니다. … 주여, 당신은 항상 일하시며 항상 안식하십니다. 당신은 시간을 넘어서 계시기 때문입니다. 당신은 시간 안에서 일하시지도 않고 시간 안에서 쉬지도 않으시나 우리에게 시간 안에서 쉼을 주십니다. 우리의 관점에서는 당신이 지으신 것들이 존재하기 때문에 볼 수 있는 것이요, 당신의 관점에서는 당신께서 그것들을 보시기 때문에 존재합니다. 우리는 그것들의 겉모습을 보고 그 안에 있는 좋음을 추구하지만 당신은 이미 만들어놓으신 것을 보십니다.

우리는 당신의 성령의 감동을 받아야만 선한 일을 위해 움직이고 그렇지 않으면 당신을 배신하고 악행을 저지르지만 당신은 선 자체이시므로 선한 일만 하십니다. … 우리가 선을 행하는 것은 오직 당신의 은혜로 가능한 일이며 영원하지도 못합니다. 그렇다고 해도 우리는 선행을 마친 후 당신의 위대한 성화 안에서 안식하기를 원합니다XIII.36,51~38,53 요약 인용.

여기에는 인간이 쉼을 통해서만 행복에 이를 수 있다는 고백과 함께 소망이 담겨 있다. 그 안식은 처음 부분에서 말했던 그대로, 아무 하는 일 없이 일에서 벗어나 있는 쉼이 아니라 인간실존의 불안과 두려움으로부터 자유로워지는 것을 뜻한다. 일종의 신학적이고 영성적인 쉼을 말하고 있는 셈이다. 아우구스티누스의 안식사상을 근간으로 삼아 풀이하자면, '행복으로서의 쉼'이라 할 수 있겠다.

그리고 쉼의 문제를 행복의 윤리를 근거로 말한다면, 바른 사랑의 존재가 되어야 함을 강조해준 것이라 할 수 있다. 쿠피디타스라고 표현되는 악한 사랑으로부터 벗어나 카리타스라고 하는 진정한 사랑으로 전환되는 변화가 필요하다는 것이다.

그 능력은 인간의 결단에 의해 구현된다기보다 '주어지는 것' 혹은 '받는 것'이라고 해야 옳을 듯싶다. 인간의 참된 안식은 인간의 노력으로 성취되는 것이라기보다 실존적 불안의 근원인 죄에 대한 용서를 전제로 하는 것이기 때문이다. 영원한 진리의 존재인 하나님의 용서를 통해서만 인간이 죄로 인한 불안을 극복할 수 있다는 점에서, 은혜로 완성되는 행복의 윤리라는 점을 깨달을 수 있다.

처음으로 돌아가 생각해 보자. 인간의 자기발견에 관해 현대인은 과연 어느 정도나 자신할 수 있을까? 실존적 불안의 존재라는 점에 대한 성찰, 그리고 유혹 앞에 유약하고 쾌락에 탐닉하기에 집요한 인간의 모습에 대해 어느 정도나 공감하고 있을까? 그것이 꼭 기독교라는 종교의 틀 안에서만 이루어져야 한다는 뜻은 아니지만, 기독교의 프레임을 빌려 인간의 자기발견에 유익을 얻을 수 있다면, 그것 역시 의미 있는 일이 되리라 생각해 본다.

아우구스티누스가 고백하는 것은 개인으로서의 자신의 과거를 들춰냄으로써 부정적 의미의 자기과시를 드러내려

했던 것이 아니다. 오히려, 그것이 이유였다면 부끄러운 일
이자 프라이버시 침해 이외에 다른 의의는 없게 될 것이다.

　아우구스티누스가 말하고 싶었던 것은 인간의 참된 모습
에 대한 성찰이 반드시 필요하다는 점을 일깨워 주려는 것
이라 할 수 있다. 진정으로 행복하고자 한다면, 혹은 참으
로 쉬고자 한다면, 인간의 진정한 정체성을 바르게 발견하
는 데에서 출발해야 한다는 것, 바로 그것 말이다.

Aurelius
AUGUSTINUS